I N V E S T I G A Ç Ã O

IMPRENSA DA UNIVERSIDADE DE COIMBRA
COIMBRA UNIVERSITY PRESS

EDIÇÃO
Imprensa da Universidade de Coimbra
Email: imprensa@uc.pt
URL: http//www.uc.pt/imprensa_uc
Vendas online: http://livrariadaimprensa.uc.pt

COORDENAÇÃO EDITORIAL
Imprensa da Universidade de Coimbra

CONCEÇÃO GRÁFICA
António Barros

IMAGEM DA CAPA
Jonathan Pendleton,
via stocksnap.io

INFOGRAFIA
Linda Redondo

PRINT BY
CreateSpace

ISBN
978-989-26-1230-0

ISBN DIGITAL
978-989-26-1231-7

DOI
https://doi.org/10.14195/978-989-26-1231-7

DEPÓSITO LEGAL
418709/16

© SETEMBRO 2016, IMPRENSA DA UNIVERSIDADE DE COIMBRA

ENSEÑAR ESPAÑOL EN LA ACTUALIDAD

CONTRIBUCIONES
DIDÁCTICAS

MARÍA LUISA AZNAR JUAN
ELENA GAMAZO CARRETERO

COORDINADORAS

Siglas y Acrónimos Utilizados

AGERCEL	Association de Gestion du Réseau des Centres d´Etudes des Langues
AMTB	Attitude Motivation Test Battery
CORPEX (XXI)	Corpus del Español del Siglo XXI
CREA	Corpus de Referencia del Español Actual
DMIS	Modelo para el Desarrollo de la Sensibilidad Intercultural
DRAE	Diccionario de la Real Academia Española
E/L2	Español como Segunda Lengua
E/LE	Español como Lengua Extranjera
EE	Expresión Escrita
EEUU	Estados Unidos
FLCAS	Foreign Language Classroom Anxiety Scale
IC	Instituto Cervantes
IDELE	Innovation and Development in Spanish as a Second Language
L1	Primera Lengua
L2	Segunda Lengua
LE	Lengua Extranjera
MCER	Marco Común Europeo de Referencia para las Lenguas
MEC	Ministerio de Educación y Cultura
MSN	MicroSoft Network
MULCH	Máster Universitario en Lengua y Cultura Hispánicas
PCIC	Plan Curricular del Instituto Cervantes
PDCA	Plan Do Check Act
RAE	Real Academia Española
TIC	Tecnologías de la Información y la Comunicación
UNESCO	Organización de las Naciones Unidas para la Educación, la Ciencia y la Cultura

SUMARIO

Presentación 9

La pronunciación de los sonidos de una lengua
extranjera: el caso del español
Dolors Poch Olivé 15

Las unidades léxicas y la enseñanza del léxico a extranjeros
Marta Higueras García 41

El componente intercultural en la enseñanza de español.
El caso de los lusohablantes
Francisco José Fidalgo Enríquez 63

El aprendizaje del español como lengua extranjera
desde una perspectiva afectiva
Mercedes Rabadán Zurita 79

Criterios para el análisis, la valoración y la elaboración
de materiales didácticos de español como lengua
extranjera/segunda lengua para niños y jóvenes
Ana Blanco Canales 113

Nuevas perspectivas sobre la comprensión auditiva
en el aula de E/LE
Ernesto Martín Peris 149

La buena cocina de la expresión escrita: ¿cómo conseguir que los alumnos preparen buenos platos?
Kris Buyse 173

AGRADECIMIENTOS

Este volumen no se podría haber llevado a cabo sin la colaboración desinteresada de todos quienes han hecho posible esta publicación. Debemos nuestro más sincero agradecimiento a los autores que cedieron sus textos, por su disponibilidad y generosidad. Ha sido un placer y un honor contar con vuestra experiencia y sabiduría.

A los miembros del Comité Científico, Profesor Doctor António Apolinário Lourenço, Profesor Doctor Carlos de Miguel Mora, Profesora Doctora Noemí Domínguez García por la rigurosidad con que revisaron el volumen y los buenos consejos.

A los miembros del Proyecto Internacional TEMPUS - *Innovation and Development in Spanish as a Second Language* (IDELE) - y a la dirección del Máster Universitario en Lengua y Cultura Hispánicas (MULCH), por su apoyo constante.

A la Imprenta de la Universidad de Coímbra por haber aceptado nuestro proyecto.

A todos aquellos que nos han prestado su ayuda y a todos los que participen de la lectura de estos textos,

GRACIAS

PRESENTACIÓN

Dime y lo olvido, enséñame y lo recuerdo,
involúcrame y lo aprendo

Benjamin Franklin (1706-1790)

Enseñar español en la actualidad se plantea como un reto para el docente que vive los avances que se fraguan en un mundo globalizado. Los contextos educativos, cada vez más, se aproximan a visiones en común que permiten la existencia de principios y modos de enseñanza aplicables en culturas distintas. De ahí que la didáctica de la lengua y de la cultura española en el presente, nos proporcione conocimientos y métodos generales que ofrecen al educador la posibilidad de utilizarlos y/o adaptarlos a la política educacional de cada país, donde se estudia el español como lengua extranjera (E/LE), y a las acciones que se desarrollan dentro del microcontexto del aula.

En este sentido, el intercambio de opiniones y experiencias entre investigadores, docentes o investigadores-docentes nos permite reflexionar sobre el desarrollo de la acción educativa. De este modo, apostamos en la formación y autoformación como un medio para mejorar la enseñanza y el aprendizaje de la lengua y la cultura españolas.

El libro que presentamos, como señala su título, es una recopilación de algunas contribuciones didácticas de diferentes especialistas de renombre internacional, que abordan cuestiones principales relacionadas con los contenidos y las destrezas en la enseñanza del español como segunda lengua (E/L2) o extranjera.

Algunos de los textos ya han sido publicados anteriormente, como en el caso de los trabajos de Marta Higueras García, Ernesto Martín Peris y Ana Blanco Canales. Otras contribuciones son versiones aumentadas y actualizadas, como en el caso de Dolors Poch Olivé y Kris Buyse. También contamos con las aportaciones inéditas de Mercedes Rabadán Zurita y Francisco José Fidalgo Enríquez.

La obra está dirigida a docentes, futuros docentes e investigadores del área de la didáctica de E/L2 y E/LE y puede ser utilizada como material bibliográfico, principalmente por los estudiantes de los másteres en enseñanza de español. De hecho, está financiada y surge en el ámbito del Proyecto Internacional TEMPUS - *Innovation and Development in Spanish as a Second Language* (IDELE) y, dentro de este proyecto, en el Máster Universitario en Lengua y Cultura Hispánicas (MULCH). Asimismo, los temas que se plantean se ajustan a la materia que la Universidad de Coímbra imparte en dicho máster.

Esta recopilación se destaca, entre otras características, por su cariz internacional y su carácter colectivo, ya que en ella están representados autores que desarrollan sus trabajos de investigación y docencia en España, Portugal y Bélgica.

Los temas tratados están revestidos de una cierta atemporalidad, pues ya han sido objeto de estudio en el pasado y seguirán siéndolo en el futuro.

El abordaje que presenta cada autor se basa en una visión teórico-práctica de los asuntos que refieren. De esta forma, se le ofrece la posibilidad al lector de crear una visión conjunta en la que, por un lado, se promueven los conocimientos sobre cuestiones específicas y, por otro, se expone el modo de concretizar el saber teórico.

El orden de los artículos en el índice sigue el modelo de Richards & Rodgers (1998) para la descripción de los métodos de enseñanza. Por consiguiente, están representados, en primer lugar, los trabajos relacionados con el enfoque y que, por tanto, versan sobre la lengua y su aprendizaje; en segundo lugar, se encuentran los textos desarrollados en torno al diseño de contenidos y actividades y, en tercer lugar, los que tienen que ver con el procedimiento del método, donde se exponen propuestas didácticas específicas.

Dolors Poch, "La pronunciación de los sonidos de una lengua extranjera: el caso del español". Este texto versa sobre la competencia fónica. A partir de aspectos relacionados con la audición, la entonación y la prosodia la autora aporta distintas estrategias que respaldan la interpretación para la adquisición de la fonética en lugar de la imitación.

Marta Higueras, "Las unidades léxicas y la enseñanza del léxico a extranjeros". La autora demuestra que es más eficaz y ventajoso enseñar la competencia léxica en E/LE a partir de unidades léxicas, que a través de otras unidades como las palabras compuestas, las frases hechas, los modismos, las muletillas o los clichés.

Francisco José Fidalgo, "El componente intercultural en la enseñanza del español. El caso de los lusohablantes". El autor dirige su atención en este texto a la importancia de la interculturalidad en el proceso de aprendizaje de una lengua. Acompaña su reflexión de valiosos ejemplos de hablantes de portugués en las clases de E/LE.

Mercedes Rabadán, "El aprendizaje del español como lengua extranjera desde una perspectiva afectiva". Tomando como punto de partida las competencias generales que recoge el MCER: competencia existencial (saber estar) y capacidad de aprender (saber aprender) se presenta un modelo de variables afectivas que condicionan el aprendizaje de una lengua extranjera.

Ana Blanco, "Criterios para el análisis la valoración y la elaboración de materiales didácticos de español como lengua extranjera/ segunda lengua para niños y jóvenes". A partir del análisis de cuatro documentos teóricos educativos para la enseñanza de lenguas: el MCER para Europa, las *Orientações Curriculares* para Brasil, los *National Standards* para EEUU y el PCIC para España, se presenta una herramienta que aúna los criterios fundamentales para analizar y elaborar materiales didácticos.

Ernesto Martín Peris, "Nuevas perspectivas sobre la comprensión auditiva en el aula de E/LE". El texto versa sobre cómo podemos abordar la comprensión auditiva desde una dimensión didáctica e innovadora a través de dos ámbitos lingüísticos: los géneros discursivos y el análisis crítico del discurso.

Kris Buyse, "La buena cocina de la expresión escrita: ¿cómo conseguir que los alumnos preparen buenos platos?". En este texto encontramos un nuevo enfoque para la enseñanza de las destrezas escritas. Actividades y procedimientos presentados a modo de recetario, con el objetivo de tornar más atractivas las destrezas que tradicionalmente se han considerado pasivas y poco motivadoras.

Los trabajos que integran este volumen exponen de modo claro, riguroso y fundamentado los contenidos y las propuestas que presentan. Su lectura se revela provechosa y amena y servirá para que el lector reflexione sobre aspectos concretos de la enseñanza de E/L2 - E/LE; desenvuelva perspectivas diferentes de ejecución práctica en el aula; encuentre alternativas y construya una relación sólida entre el pensamiento y la acción, el saber teórico y el práctico.

Estamos seguras de que el vasto público al que está dirigido este libro acogerá con agrado nuestra iniciativa de presentar algunas aportaciones de autores de renombre al mundo de la enseñanza de la lengua extranjera. Deseamos que nuestro esfuerzo y el esfuerzo y dedicación de quienes han colaborado en este proyecto sirva para construir puentes entre el saber, la lengua y todos aquellos que nos dedicamos a la enseñanza.

LA PRONUNCIACIÓN DE LOS SONIDOS DE UNA LENGUA EXTRANJERA: EL CASO DEL ESPAÑOL

Dolors Poch Olivé
Universidad Autónoma de Barcelona (España)

ABSTRACT

This study investigates the main factors involved in the learning process of the pronunciation of Spanish as a foreign language and diverse strategies are provided to teachers, which make it possible to influence the students' inadequate pronunciations and bring students' pronunciations closer to the speech execution of native speakers.

Keywords: *phonetic acquisition, foreign accent, spanish pronunciation.*

RESUMEN

En este trabajo se estudian los principales factores que intervienen en el proceso de aprendizaje de la pronunciación del español como lengua extranjera y se proporcionan a los profesores diversas estrategias que permiten incidir sobre las pronunciaciones inadecuadas de los alumnos y acercarlas a las realizaciones de los hablantes nativos.

Palabras clave: *adquisición del sistema fonológico, acento extranjero, pronunciación del español.*

INTRODUCCIÓN

Los problemas que plantea la adquisición del sistema fonológico de una lengua nueva vienen siendo estudiados desde hace un siglo por diversos autores que han tratado de desentrañar los procesos mentales que se desencadenan en quienes se enfrentan al aprendizaje de una lengua extranjera. Los alumnos tienen dificultades de diverso orden en la expresión oral y en la comprensión auditiva que se manifiestan bajo la forma de estructuras entonativas inadecuadas, colocación incorrecta de los acentos y pronunciación aproximada de los sonidos. En determinadas situaciones ello conduce a la incomprensión entre los participantes en un acto de habla y, en otras, a la percepción de un fuerte "acento extranjero" por parte de los nativos. Estas situaciones se dan en el aprendizaje de cualquier lengua extranjera pero los problemas de los alumnos son diferentes en función de su perfil lingüístico y de las características de la lengua que estudian. Dichas diferencias suelen desembocar en la formulación de prejuicios o de creencias por parte de los profesores que, en ocasiones, dificultan la labor de enseñanza de la pronunciación (Orta, 2007 & 2009).

No existen lenguas intrínsecamente "fáciles" ni lenguas intrínsecamente "difíciles" como defienden algunos tópicos. Los estudiantes perciben que un idioma es "fácil" cuando posee características semejantes a las de las lenguas que hablan y creen que una lengua es "difícil" cuando deben aprender el funcionamiento de fenómenos gramaticales o fónicos que no conocen. El concepto de "distancia lingüística" (Poch Olivé & Igarreta, 2014) explica que cuanta mayor es la diferencia entre las características de las lenguas que conoce el alumno y las de la lengua que estudia más complejo es el aprendizaje. Así lo indica Lu Jingsheng (2008) refiriéndose a la adquisición del español por parte de sinohablantes:

> [...] en términos generales se puede decir que en la secuencia de distancia interlingüística, el chino como prototipo de las lenguas analíticas o aislantes y el español como ejemplo de las flexivas se encuentran en los dos extremos, entre ellos se halla el inglés y entre éste y el español se pueden situar las lenguas francesa, italiana y portuguesa, entre otras. (p.47)

Así, para comprender cómo afronta un alumno la adquisición de un sistema fonológico nuevo es importante que el profesor sea capaz de sensibilizar al alumno a esta cuestión puesto que dichas creencias constituyen un prejuicio que suele dificultar el aprendizaje.

El otro gran tópico que perturba la adquisición de un nuevo sistema fonológico consiste en ligar la enseñanza de la pronunciación a la ortografía. Es éste un viejo prejuicio (Yagüello, 1988; Tusón, 1988) que consiste en pensar que "el español se escribe como se habla" y que es posible, por tanto, asociar de forma biunívoca un sonido determinado a una grafía específica. Es bien sabido que la ortografía es una convención en todas las lenguas (Alarcos, 1965) y en inglés o en francés, por ejemplo, es frecuente que un mismo sonido se represente ortográficamente mediante tres o cuatro grafías diferentes. El español no escapa a este principio, de forma que la primera consonante de las palabras *vino* y *bueno* es idéntica pero se representa mediante dos grafías distintas, la primera consonante de las palabras *Juan* y *género* es idéntica pero se representa mediante dos grafías distintas y la primera consonante de las palabras *queso*, *casa* y *kilo* es también la misma pero se representa mediante tres grafías distintas. El prejuicio surge, probablemente, porque en español se dan muchos menos casos de grafías distintas para un mismo sonido que en otras lenguas como el francés o el inglés pero el español tampoco se escribe como se habla y, por tanto, la ortografía no puede ser el báculo en el que apoyarse para pronunciar adecuadamente porque no es un fiel reflejo de la pronunciación sino una convención aceptada históricamente y respetada por los hablantes.

Debe añadirse también que el profesor de español como lengua extranjera (E/LE) no debe ser un especialista en Fonética, como tampoco es un especialista en Léxico o en Sintaxis, sino que debe poseer una serie de conocimientos básicos sobre los aspectos fónicos de la lengua española y sobre el proceso de adquisición de una lengua extranjera desde una perspectiva psicolingüística. Si posee estas bases, comprenderá rápidamente los principios en los que se basan los ejercicios de pronunciación y será capaz de preparar todas las actividades que necesite para mejorar la de sus estudiantes. En este trabajo se pondrán de manifiesto los principales problemas que plantea la adquisición del sistema fonológico del español y se esbozarán estrategias que pueden ser utilizadas por los profesores para conseguir que las destrezas orales de los alumnos mejoren hasta conseguir que su comportamiento fónico sea similar al de los hablantes nativos.

1. El sistema fonológico del español

El profesor de E/LE, como se ha apuntado, debe conocer bien las características del sistema fonológico de la lengua que enseña lo que implica que debe ser consciente de que la denominación "pronunciación" suele englobar los fenómenos que afectan tanto a los sonidos como a la realización de las estructuras entonativas.

La bibliografía tradicional en la que los profesores de E/LE pueden apoyarse para recordar o adquirir estos conocimientos es muy amplia pero vale la pena destacar los trabajos de Hualde (2005), Navarro Tomás (1918, reeditado en numerosas ocasiones durante el siglo XX), Navarro Tomás (1945, reeditado en diversas ocasiones) y Quilis (1981, reeditado en 2003). No obstante, el material publicado más recientemente y mejor adaptado a las necesidades de los profesores y alumnos del siglo XXI es el DVD *Las voces del español. Tiempo y espacio* (RAE, 2011) que acompaña al tercer volumen de la *Nueva Gramática de la Lengua Española* publicada por la Real Academia Española en 2009 (volúmenes 1 y 2) y 2011 (volumen 3). La Fonética es una de las disciplinas lingüísticas que más ha podido beneficiarse de los avances tecnológicos recientes y dicho DVD contiene una descripción multimedia del español de España así como del hablado en los veinte países de América Latina sintetizada en textos brevísimos que se apoyan en imágenes, grabaciones y animaciones que facilitan la comprensión de los rasgos fonéticos de la lengua tanto en los aspectos referentes a los sonidos como en los tocantes al acento y a la entonación. Los profesores y los alumnos de E/LE pueden encontrar, además, en él, muestras de entonaciones, de habla culta y de habla coloquial de todos los países hispanohablantes.

Como se estudia en Poch Olivé (2010), para poder determinar en qué consisten los errores en las realizaciones fónicas de los alumnos extranjeros es imprescindible poseer un punto de referencia con respecto al cual una pronunciación puede calificarse de "inadecuada". Así, el conocimiento del inventario de sonidos del español y de sus características articulatorias y acústicas se revela como un instrumento básico para la corrección como puede apreciarse en el siguiente ejemplo: un hispanohablante realiza la secuencia *mañana es lunes* como [ma'ɲanaez'lunes] mientras que es muy posible que un estudiante extranjero la realizara como [ma'ni̯anaes'lunes]. Para poder corregir esta pronunciación del alumno no basta con que el profesor perciba que su estudiante "no pronuncia bien" o que "tiene problemas" pues sólo podrá preparar actividades que consigan aproximarle a la pronunciación hispanohablante si es capaz de "diagnosticar" que la consonante nasal palatal [ɲ] ha sido realizada como una consonante nasal seguida de una paravocal [ni̯] y que la última consonante de *es* ha sido realizada como sorda [s] cuando es habitual que los hispanohablantes, en este contexto, la realicen sonora [z]. Este razonamiento es el que permite al profesor determinar qué debe enseñar a producir a sus estudiantes.

Es sabido que los alumnos francófonos suelen tener dificultades para realizar las consonantes róticas del español [ɾ] y [r] y también es sabido que ambos sonidos constituyen un problema para los estudiantes orientales. En el caso de los alumnos francófonos, cuya realización de la consonante rótica suele corresponderse con la de una fricativa uvular [R], el profesor de E/LE deberá enseñarles a pronunciar un sonido vibrante alveolar mientras que su tarea será diferente cuando trabaje con estudiantes orientales pues estos, al carecer sus lenguas de consonantes róticas, tienden a realizar, en su lugar, la consonante lateral [l]. Así pues, el profesor debe trabajar de forma diferente para conseguir, por un lado, adelantar el punto de articulación (en el caso de los estudiantes francófonos) y, por otro, conseguir que los alumnos realicen la consonante vibrante (en el caso de los estudiantes orientales).

Igualmente, en el caso de la entonación, percatarse de que el alumno no realiza una interrogativa o una imperativa con el perfil adecuado no es suficiente para preparar ejercicios que corrijan la realización del estudiante. El "diagnóstico" debe precisar si la inadecuación de la curva entonativa es debida a que el final del enunciado no ha sido realizado como lo haría un hispanohablante (por ejemplo el alumno extranjero ha realizado un perfil ascendente en un punto en el que los hispanohablantes realizan un descenso melódico) o a si, por el contrario, este tipo de problema radica en otro punto de la curva melódica.

En Poch Olivé (2004) y (2010) se señala que la lengua española, que es la propia de casi 500 millones de hablantes (Poch Olivé & Igarreta, 2014), al igual que las demás lenguas naturales, no se habla de manera uniforme en toda su geografía sino que presenta algunos fenómenos que el profesor de español debe conocer porque afectan directamente a la enseñanza de la pronunciación. Tal vez el más relevante a este respecto sea el denominado "seseo". Se utiliza el término "seseante" para hacer referencia a la pronunciación de los hispanohablantes cuyo inventario de consonantes fricativas comprende cuatro unidades: [f] como en *fe*, [s̪] como en *si*, [j̪] como en *ya* y [x] como en *ja*. Estos hablantes, que son la inmensa mayoría (una parte de España y toda América), realizan las palabras *casa* y *caza* como ['kas̪a]. El resto de hispanohablantes, la minoría (el centro y el Norte de España), posee un inventario de consonantes fricativas que comprende cinco unidades: [f] como en *fe*, [θ] como en *azul*, [s̪] en *si*, [j̪] como en *ya* y [x] como en *ja y* pronuncian *casa* como [kas̪a] y *caza* como [kaθa]. Es imprescindible que el profesor de E/LE tome conciencia de la existencia de estos dos subsistemas, especialmente el profesor español que habla una variedad que distingue [θ] y [s̪], para que no transmita a sus alumnos la idea de que para hablar español adecuadamente es necesario que aprendan a realizar el sonido [θ] prejuicio que, lamentablemente, sigue estando muy extendido. Los trabajos de F. Moreno (1996) y (2000) muestran la importancia que tiene, en la formación del profesor de E/LE, el conocimiento de esta clase de fenómenos de variación.

Moreno (2005) trata la cuestión de las modificaciones que sufre la pronunciación de los sonidos del español en función del grado de formalidad de la situación de comunicación pues las realizaciones son siempre más cuidadas y tensas en una situación formal que las que emiten los mismos hablantes en una situación informal. Fenómenos como la aspiración son muy significativos a este respecto pues un mismo hablante disminuirá el número de aspiraciones que realiza si se encuentra en una situación formal mientras que lo aumentará si percibe que, en un contexto determinado, puede expresarse de forma totalmente coloquial y puede prescindir de "prestar atención" a su forma de pronunciar.

Además de los fenómenos de variación relacionados con la geografía o con la situación de comunicación, las realizaciones de los sonidos del español (igual que los de las demás lenguas) están sometidas a modificaciones relacionadas con factores intrínsecos a la lengua. Así por ejemplo, las realizaciones del fonema /n/ presentan diferentes características fonéticas en las palabras *Ana*, *ancho* o *blanco*. En el primer ejemplo, la realización es alveolar (la lengua entra en contacto con los alvéolos), en *ancho* la realización es palatal (la lengua entra en contacto con la bóveda del paladar) y en la palabra *blanco* la realización es velar (la parte posterior de la lengua toca el velo del paladar durante la pronunciación de la consonante). Otro ejemplo significativo es el de las realizaciones del fonema vibrante /r/: en la palabra *Rita* el punto de articulación de la consonante es alveolar mientras que en la palabra *ruso*, por influencia de la vocal [u], posterior, la lengua se desplaza hacia atrás y el punto de articulación de la consonante es mucho más atrasado que durante la pronunciación de *Rita*. Este fenómeno se denomina asimilación, afecta a la realización de todos los sonidos y se describe en todos los manuales de fonética. El profesor de E/LE debe ser consciente de que, además de constituir un fenómeno interesante que debe ser estudiado en profundidad, la asimilación es un proceso importante para la corrección fonética, como se precisará en otro apartado de este trabajo, puesto que es la manifestación de que la pronunciación de los sonidos se modifica bajo determinadas condiciones y la labor de corrección fonética tiene como objetivo modificar la pronunciación inadecuada por parte de los estudiantes de las realizaciones de un nuevo sistema fonológico que están aprendiendo.

La entonación, por su parte, presenta manifestaciones distintas en el conjunto de las variedades del español como se aprecia en el trabajo de Hualde (2005) mencionado más arriba así como en RAE (2011) y es, por tanto, importante que el profesor de E/LE conozca también los fenómenos más importantes relacionados con las distintas manifestaciones de la entonación del español por cuanto la cantidad y el tipo de información vehiculada por la melodía de un enunciado desempeña una función fundamental en la intercomprensión entre los hablantes.

En relación con estas reflexiones se plantea la "cuestión" de la "pronunciación correcta" (Poch Olivé, 2004). El profesor de E/LE se ve siempre confrontado al problema de qué pronunciación debe enseñar. La solución no conduce, ni mucho menos, a estimar que existen formas "buenas" (o correctas) y "malas"(o incorrectas) de pronunciar el español sino a considerar las diferencias en términos de prestigio pues algunas variedades son mejor aceptadas por los hablantes que otras. El concepto de "prestigio" es muy diferente del concepto de "corrección" puesto que los factores que lo establecen no suelen ser lingüísticos sino que son de carácter histórico, económico y social (Lara, 1976). Ninguna lengua o variedad lingüística presenta más interés científico que otra y todas son estudiadas por los lingüistas que intentan desentrañar su estructura y su funcionamiento independientemente de si los hablantes las consideran prestigiosas o no. La explicación de las razones que han conducido a que una variedad de la lengua reciba mayor consideración social que otra suele encontrarse en la historia de dicha lengua que muestra que una determinada forma de hablar ha comenzado a adquirir prestigio en el momento en que la región o la zona en la que se hablaba ha sufrido un desarrollo económico y político importante y superior al de las regiones vecinas.

Cada profesor de español, en función de sus orígenes geográficos y sociales, habla una variedad determinada de la lengua que enseña y, por lo tanto, será esa la que presente a sus estudiantes. No debe exigírsele al profesor de E/LE que hable de una determinada forma. Lo único de lo que debe ser capaz el profesor es de situar su variedad en el conjunto de las del español. Así por ejemplo, todos los profesores de E/LE que poseen, en su inventario fonológico, la consonante fricativa interdental han pasado por la experiencia de tener alumnos seseantes debido, en general, a que otros profesores que les han dado clase procedían de países latinoamericanos y no tenían, por tanto, dicho sonido en su sistema. Ante ello, la reacción instintiva del profesor distinguidor consiste en corregir al alumno indicándole que "no debe sesear" porque en español no se dice [sa'pato]. Lógicamente, este tipo de correcciones son más que discutibles puesto que la mayor parte de los hablantes de español presentan esta característica en su pronunciación lo cual significa que corregir el seseo es desacreditar una forma de hablar mayoritaria en el colectivo de los hispanohablantes. Si el profesor es capaz de situar su variedad en el conjunto de las de la lengua percibirá inmediatamente qué clase de pronunciaciones de los alumnos constituyen un error y cuáles se corresponden con una variedad determinada.

Así, en lo tocante a la formación fonética del profesor de E/LE, las reflexiones precedentes ponen de manifiesto que, como se ha indicado, el profesor de español no debe ser un especialista en Fonética sino que debe solamente conocer bien las características fónicas de la lengua que enseña y los rasgos principales de las distintas variedades para poder juzgar la adecuación de la pronunciación del estudiante y determinar qué debe corregir.

2. La criba fonológica del estudiante

Como señala Poch Olivé (2010) la mayor parte del material didáctico que se encuentra en el mercado y que presta atención a la enseñanza de la pronunciación al estudiante de E/LE basa las actividades de enseñanza y aprendizaje de esta destreza en dos operaciones: escuchar y repetir. Diríase, en efecto, que la teoría sobre la que se basa la enseñanza de la pronunciación postula que se aprende a realizar el sistema fónico del español (o de cualquier lengua extranjera) por medio de la imitación. La primera actividad, escuchar, requiere que el alumno preste extrema atención a los estímulos que oye para ser capaz después de realizar adecuadamente la segunda actividad, repetir los sonidos que ha escuchado de la forma en que el material didáctico o el profesor los han emitido. La realidad muestra, en cambio, que en la mayor parte de los casos, por mucha atención que el estudiante preste durante la operación de escuchar, la mera imitación no da como fruto una realización adecuada.

El proceso mediante el cual el alumno de E/LE (o de otra lengua extranjera) adquiere el sistema fonológico de la lengua que aprende fue ya explicado por N. Trubetzkoy en el siglo pasado. En sus *Principios de Fonología* (1939) este autor explica

> El sistema fonológico de una lengua es semejante a una criba a través de la cual pasa todo lo que se dice. Sólo quedan en la criba las marcas fónicas pertinentes para individualizar los fonemas. Cada hombre se habitúa desde la infancia a analizar así lo que se dice y este análisis se hace de una forma automática e inconsciente. Pero, por otra parte, el sistema de cribas, que hace posible este análisis, se construye de diferente forma en cada lengua. El hombre se adapta al sistema de su lengua materna. Pero si quiere hablar otra lengua, emplea involuntariamente para analizar lo que oye la 'criba fonológica' de su lengua materna, que le es familiar. Y como esta criba no conviene para la lengua extranjera oída, se producen numerosos errores e incomprensiones. Los sonidos de la lengua extranjera reciben una interpretación fonológica inexacta, puesto que se les hace pasar por la criba fonológica de la propia lengua. (p. 328)

La referencia de Trubetzkoy al concepto de "interpretación fonológica" implica que, ante los enunciados de la lengua extranjera, en la mente del alumno se desencadena un proceso de carácter lingüístico que comporta una operación de comparación entre los estímulos sonoros propios de la lengua que está aprendiendo y los patrones sonoros correspondientes a su o a sus lenguas propias que tiene almacenados y estructurados en su mente. De esta forma, cualquier sonido emitido por el estudiante es fruto de la activación de una serie de procesos que desembocan en una realización que posee unas características determinadas, a veces totalmente inadecuadas. Por esta razón, el autor hace hincapié en el concepto de "interpretación" y no en el de "imitación" puesto que este último no presupone el procesamiento de la información recibida. Parece obvio, pues, que si bien la audición desempeña una función determinante en las realizaciones de los estudiantes extranjeros, la imitación no es el mecanismo que guía la producción de los sonidos de la nueva lengua. El mismo principio de "interpretación" es válido para todo lo que afecta a los elementos suprasegmentales (acento y entonación) pues aunque todas las lenguas poseen marcas acentuales y todas las lenguas poseen un sistema entonativo, tanto el acento como la entonación, se manifiestan de forma diferente en cada sistema de tal forma que el alumno de E/LE debe siempre modificar sus estructuras mentales (las propias de las lenguas que habla) para acercarlas a las de la nueva lengua que está aprendiendo.

Numerosos autores cronológicamente posteriores a N. Trubetzkoy han estudiado el proceso de adquisición del sistema fonológico de una lengua nueva. Son especialmente relevantes en este sentido los trabajos de James E. Flege que se extienden desde (1980) hasta sus contribuciones más recientes de (2011) pasando por los artículos publicados en (1987), (2003), (2004) y (2006). Flege se ha interesado siempre por la adquisición de la pronunciación de las lenguas extranjeras y ha tomado en consideración numerosas combinaciones lingüísticas que constituyen un buen exponente de la influencia ejercida por la distancia lingüística en el aprendizaje del sistema fonológico. Otro de los centros de interés de los estudios de este autor es el problema del denominado "acento extranjero", es decir, la pervivencia de marcas fónicas de las lenguas propias del alumno en la lengua aprendida. La labor de Flege muestra que si bien los avances en la teoría lingüística así como en la tecnología, que permite estudiar los fenómenos de una forma cada vez más precisa, han conducido a los investigadores contemporáneos a reformular algunos aspectos de los planteamientos de Trubetzkoy el principio de que el estudiante de lengua extranjera adquiere el sistema fonológico nuevo a través de la realización de una serie de operaciones de interpretación fonológica sigue siendo uno de los motores de las investigaciones que se están realizando en la actualidad.

Conocer estos procesos es de vital importancia para el profesor de E/LE pues, sólo sabiendo cómo se enfrenta la mente del hablante a un sistema fonológico nuevo, es posible desarrollar actividades o ejercicios que conduzcan al estudiante a conseguir que el resultado de sus operaciones mentales de "interpretación fonológica" sea la identificación del sonido adecuado de la lengua que aprenden. Así pues, la percepción desempeña una función vital en el proceso de adquisición de un sistema fonológico nuevo pero no en el sentido de "escuchar para imitar". La percepción debe contribuir a que el alumno incorpore un nuevo sistema a la estructura fonológica ya establecida en su mente y aunque, en algunos casos, las unidades fónicas de las lenguas que habla coincidirán con las unidades de la nueva lengua, en otros casos, necesitará incorporar nuevas unidades y su labor de "interpretación fonológica" consistirá en diferenciarlas de las que ya posee de tal forma que lleguen a consolidarse como las referencias mentales del nuevo sistema. Si sitúa su reflexión en este marco, el profesor de E/LE será capaz de preparar ejercicios de percepción que ayuden al estudiante a realizar esta tarea y que no sean meras actividades auditivas que conduzcan a la imitación de los estímulos oídos: la enseñanza de la pronunciación comienza por un trabajo sobre la audición pero un trabajo orientado a unos fines distintos a la mera imitación.

Una concepción simplista de la criba fonológica, el tradicional análisis contrastivo, ha llevado a pensar que la comparación del inventario de unidades fónicas de los sistemas fonológicos de la lengua materna del alumno y de la lengua que está aprendiendo permite determinar cuáles son los sonidos que plantearán problemas en función de las "casillas" que, en dicho inventario, aparezcan llenas en la lengua extranjera y vacías en la lengua materna. En efecto, aquellos sonidos que son nuevos para el alumno acarrean dificultades en su pronunciación pero los sistemas fonológicos son mucho más complejos y otros fenómenos que se dan en la lengua extranjera y no se dan en la materna pueden también ser fuente de interferencias en la pronunciación: así por ejemplo, el hecho de que en inglés aparezcan ciertas consonantes en posición final de sílaba hace que los alumnos de español tengan problemas con su pronunciación porque las mismas consonantes existen en español pero ocupan otras posiciones en la cadena fónica, es decir, presentan distinta distribución; igualmente, el hecho de que en inglés las consonantes oclusivas posean la característica de ser aspiradas en determinados contextos hace que los alumnos de lengua materna inglés las aspiren también cuando hablan español, lo cual es un evidente error de pronunciación. El hecho de que si bien en francés y en español, por ejemplo, existe el fonema /s/ pero la "realización fónica" del mismo es distinta en ambas lenguas y, como consecuencia de ello, el alumno de lengua materna francés que habla español lo hace produciendo un sonido más agudo que el que producen los hispanohablantes constituye también una fuente de interferencia.

Como puede verse, es posible predecir las dificultades con las que se enfrentan los estudiantes extranjeros en el aprendizaje del E/LE pero para hacerlo no es suficiente establecer el inventario de elementos que existen en español y no existen en las lenguas que integran el perfil lingüístico de los alumnos sino que deben considerarse tres fuentes distintas de interferencia fonética:

- la que tiene su origen en los sonidos que existen en E/LE y no existen en las lenguas de los alumnos;
- la provocada por los sonidos que presentan una diferente distribución en la lengua extranjera y en la lengua materna, es decir, que aparecen en distintas posiciones silábicas en una y otra lengua;
- la que se relaciona con los fonemas que presentan distinta "realización fónica" en español y en la lengua de los estudiantes.

Teniendo en cuenta estos tres factores es posible predecir los problemas de pronunciación que tendrá un estudiante de español sea cuál sea su lengua materna y sistematizar los errores haciendo que dejen de ser una especie de magma en el que floten todos en una mezcla indiferenciada. El funcionamiento de la criba fonológica y la previsión de los problemas con los que se puede encontrar el estudiante en función de las lenguas en presencia y de la distancia lingüística que mantienen ayudan al profesor a comprender las razones que explican las dificultades de los alumnos.

3. El sistema de errores de los alumnos

Dada la influencia que ejerce el perfil lingüístico del alumno sobre los problemas que le plantea la adquisición del sistema fonológico de la lengua nueva puede afirmarse sin reservas, y la experiencia así lo demuestra, que los errores en la pronunciación no son iguales para todos los alumnos. Así, la primera tarea que debe realizar el profesor de E/LE es establecer el "diagnóstico" de los que presentan sus estudiantes. Elaborar el diagnóstico no consiste solamente en establecer qué sonidos son pronunciados de forma inadecuada sino en describir en qué consiste el error. Para ello, como se ha indicado en el apartado 2 de este trabajo, el profesor puede recurrir a los conceptos utilizados en la descripción del sistema del español: abertura del maxilar y posición de la lengua para las vocales y modo y zona de articulación y sonoridad para las consonantes. De esta forma es posible describir en qué consiste la inadecuación en la pronunciación, es decir, es posible explicar por ejemplo que la vocal /o/ no "suena bien" porque el estudiante ha emitido una realización muy abierta frente a la propia de los hispanohablantes o que la consonante /r/ no ha sido bien pronunciada porque la realización del estudiante ha situado la zona de articulación en la parte posterior de la boca y no detrás de los dientes como lo hacen habitualmente los hispanohablantes. Es importante describir los errores en estos términos porque ello proporciona indicaciones sobre qué se debe conseguir en la fase de corrección: cerrar una vocal demasiado abierta o adelantar la zona de articulación de una consonante. Ello permite adecuar la pronunciación de los estudiantes extranjeros a la de los hispanohablantes nativos tal como plantea el Marco Común de Referencia (Ahumada, 2010).

Por otra parte, de la misma forma que los sonidos de la lengua se organizan en clases que comparten diferentes rasgos, los errores son también sistemáticos. Ello significa que, si un estudiante realiza la consonante [p] del español de forma aspirada, pronunciará también como aspiradas las consonantes [t] y [k]. Es decir, si uno de los elementos de una clase plantea dificultades los demás elementos de la misma clase se verán afectados por las mismas dificultades. Concebir la lengua y los errores como un sistema permite establecer, con gran precisión, las dificultades de los estudiantes ante el nuevo sistema fonológico.

El proceso de "diagnóstico" finaliza cuando el profesor decide el orden en el que aborda la corrección de los problemas de pronunciación. Dado que los sistemas de errores de los estudiantes son diferentes no es posible establecer que la corrección de la pronunciación en E/LE debe empezar siempre por tal o cual sonido. Es fundamental establecer el criterio que debe aplicarse para determinar el orden que se seguirá en la corrección porque el criterio que se aplica sí es el mismo para todos los "diagnósticos" y los sistemas de errores. Se debe comenzar siempre por corregir los errores más graves y lo que determina si un error es grave o no es la medida en la que cometerlo perturba la inteligibilidad de lo que expresa el alumno. Este criterio permite la flexibilidad de abordar uno u otro problema en función del sistema de errores detectado a la vez que tiene carácter universal en la medida en que puede ser aplicado a cualquiera de los "diagnósticos" elaborados en función del perfil lingüístico de los alumnos y de la distancia lingüística entre las lenguas que se confrontan.

4. La corrección de la pronunciación

Las técnicas que permiten incidir sobre la pronunciación de los alumnos para modificarla en el sentido de acercarla lo máximo posible a las realizaciones de los hispanohablantes son variadas y parten de distintas orientaciones pero unas son más eficaces que otras porque se basan en los factores lingüísticos que producen habitualmente modificaciones en la pronunciación de los sonidos para servirse de ellos en la dirección que sea necesaria para realizar la corrección (Renard, 1977). En este sentido, el método verbo-tonal, desarrollado por P. Guberina a mediados del siglo XX (Guberina, 2008), constituye un sistema de modificación de la pronunciación que toma en cuenta las relaciones entre la producción y la percepción y propone técnicas muy eficaces para ayudar a los alumnos a realizar adecuadamente los sonidos de la lengua extranjera. Los trabajos de Poch Olivé (1999), Padilla (2007) y (2010) muestran cómo puede aplicarse dicho método a la enseñanza de la pronunciación a los alumnos de E/LE.

Los factores que influyen en la obtención de realizaciones adecuadas de los elementos de un nuevo sistema fonológico son los siguientes:

4.1. El control de la audición sobre la producción

Además de lo expuesto en el apartado 3, una demostración del tipo de relaciones que mantienen la audición y la percepción se encuentra en el hecho de que los niños sordomudos en general no hablan porque no oyen, es decir, no pueden controlar lo que producen porque no lo pueden percibir; otro ejemplo de ello se aprecia cuando alguien trata de comunicarse con los demás llevando auriculares en los oídos. En este caso el hablante suele hablar en voz mucho más alta de lo necesario y vuelve a su comportamiento habitual en cuanto se quita los auriculares y su audición vuelve a controlar sus producciones.

Aplicado al aprendizaje de lenguas extranjeras ello quiere decir que difícilmente los estudiantes podrán producir adecuadamente los sonidos de la lengua nueva si no son capaces, en primer lugar, de discriminarlo auditivamente. Así, siguiendo a Trubetzkoy (1939) la primera dificultad que debe superarse en el aprendizaje del sistema fonológico de una lengua extranjera es la referente a la capacidad de percibir sus sonidos (Poch Olivé, 1999) y ello debe realizarse mediante ejercicios sistemáticos que orienten la percepción del estudiante hacia los fenómenos que deben aprender a distinguir. Si los alumnos no son capaces de discriminar auditivamente los sonidos de la nueva lengua difícilmente podrán realizarlos de forma adecuada.

4.2. La entonación

La entonación y, en general, los elementos suprasegmentales cumplen el papel de integradores de los diversos factores que inciden en la pronunciación y, por tanto, actúan tanto sobre la audición como sobre la producción. Considerar que para obtener una buena pronunciación de la lengua extranjera es suficiente con corregir los sonidos uno por uno es una visión simplista pues los sonidos no se dan aislados y las características de un sonido varían según esté situado en la parte más aguda de la curva entonativa, al final de la misma o al principio del perfil melódico: ello influye en la percepción de los sonidos y, por tanto, en su posterior producción.

Por otra parte, los elementos suprasegmentales en sí mismos presentan también características distintas en cada lengua y deben recibir mucha atención para conseguir que su realización por parte de los alumnos sea lo más parecida posible a la de los hispanohablantes (Poch Olivé, 1999, p. 93-97).

4.3. La fonética combinatoria y la pronunciación matizada

De los conceptos expuestos hasta ahora se desprende una consecuencia lógica: no hay "trucos" para corregir la pronunciación. Las distintas actuaciones pedagógicas del profesor de E/LE sobre la pronunciación de sus estudiantes deben basarse en el conocimiento de la estructura y funcionamiento de los aspectos fónicos de la lengua que se enseña y en el estudio del proceso de adquisición del sistema fonológico de una lengua nueva.

Como se ha indicado, los factores de variación intrínsecos a la lengua influyen muy directamente en la realización de los sonidos y, por tanto, desde la óptica de la corrección, de la modificación de la pronunciación, deben dejar de ser considerados como meros "fenómenos interesantes que se deben conocer y estudiar" para servirse de ellos como instrumentos imprescindibles para la corrección. Así la asimilación, que describe las influencias que ejercen unos sonidos sobre otros, permite desarrollar actividades basadas en la fonética combinatoria que el profesor puede y debe manejar para incidir sobre las realizaciones inadecuadas de sus estudiantes de forma que si un profesor necesita, por ejemplo, adelantar el punto de articulación de la consonante vibrante debe preparar actividades en las que conduzca a su alumno a realizar palabras que contengan el sonido que se pretende corregir en un entorno de sonidos anteriores: las vocales [i] y [e] facilitarán un avance en la zona de articulación mientras que las vocales posteriores [o] y [u] producirán el efecto contrario sobre la consonante. En su clásico trabajo de 1977 R. Renard presenta, de forma sistematizada, qué tipo de influencia ejercen unos sonidos sobre otros, de qué forma las vocales pueden modificar la pronunciación de las consonantes e, igualmente, cómo inciden éstas en la realización de las vocales y expone cómo usar la asimilación para corregir la pronunciación mediante el uso de la fonética combinatoria y de una segunda técnica: la "pronunciación matizada".

La "pronunciación matizada" se basa, igual que la fonética combinatoria, en la influencia que los sonidos ejercen sobre los sonidos vecinos. Su objetivo es distinto pues pretende sensibilizar al alumno al sonido que se quiere que reproduzca exagerando el modelo que se le propone. Dicha exageración debe llevar en el sentido contrario al de la falta que realiza el estudiante para conseguir que así, apartándose el máximo posible de ella, llegue a pronunciar el sonido que se le ha propuesto. Podría decirse que la pronunciación matizada exagera las influencias que ejercen unos sonidos sobre otros para "forzar" inconscientemente al alumno a realizar la pronunciación adecuada. Pueden verse algunos ejemplos de esta técnica aplicada a la corrección de los sonidos del español en Poch Olivé (1999, p. 102-104).

En su obra ya citada, R. Renard (1977), analiza diversos métodos de corrección fonética y aboga por los planteamientos que conduzcan al alumno a realizar ejercicios o actividades que incidan sobre su pronunciación sin obligarle a reflexionar en términos "fonéticos", es decir, sin que el aprendizaje pase por estudiar fonética de forma consciente analizando las distintas posiciones que adoptan los órganos fonatorios para la realización de cada sonido:

> Le tort d'une description trop précise [...] est surtout de laisser croire à l'élève que la position de la langue ou des lèvres se règle comme celle d'une commande mécanique et que le problème de la correction du son est alors résolu. Le processus articulatoire est plus complexe, et le fait qu'une même voyelle puisse s'articuler avec des positions buccales et labiales très différentes, prouve que des compensations articulatoires au niveau du larynx entrent en jeu. Le véritable contrôle est auditif [...]. (p. 35)

Como ya se ha mencionado, las características específicas de cada realización dependen, en buena medida, de factores relacionados con la propia mecánica de la articulación y, por tanto, es el oído el que regula sus variaciones. Ello implica que los conocimientos fonéticos que posee el profesor sobre los sonidos y los elementos suprasegmentales de la lengua que enseña no deben ser transmitidos a los alumnos como se haría en una clase de Fonética del español dirigida a alumnos hispanohablantes en la que se utilizara el metalenguaje para explicar las características fónicas de la lengua propia. Al contrario, el profesor de E/LE debe "pedagogizar" (si es lícito utilizar este neologismo) sus conocimientos y ello significa que debe convertir su "saber" en un "saber hacer" por parte de los alumnos y, para alcanzar este objetivo, debe poder diseñar ejercicios y actividades que adecúen la pronunciación de los alumnos a la de los hispanohablantes en el caso de los sonidos y también en el caso de las estructuras entonativas.

Los trabajos de E. Santamaría (2007) y (2010) ofrecen un panorama general de los materiales y recursos existentes sobre la enseñanza de la pronunciación del español y constituyen un excelente punto de partida para la ampliación de la formación del profesor de E/LE puesto que no sólo proporcionan referencias bibliográficas sino que clasifican y comentan los distintos materiales cuyas referencias recogen. Son también interesantes los estudios de Arroyo (2009) y Barajas (2011). El primero de ellos se interesa por la aplicación del método verbo-tonal a la enseñanza del E/LE a italófonos y el segundo trata la enseñanza de la pronunciación del E/LE mediante el mismo método a estudiantes coreanos.

4.4. La tensión

Es ésta una noción considerablemente difícil de definir que está relacionada con el esfuerzo articulatorio que se realiza al pronunciar los sonidos del habla. Así por ejemplo, las consonantes oclusivas son más tensas que las fricativas puesto que al pronunciarlas se realiza un esfuerzo muy superior. Aplicado este concepto al dominio del aprendizaje de lenguas extranjeras, se puede apreciar que muchas de las faltas que cometen los alumnos son debidas a problemas de tensión.

Un ejemplo relativamente claro de cómo la tensión puede afectar la pronunciación puede verse en el hecho de que los estudiantes de lengua materna alemán, francés e inglés tienen dificultades, por regla general, ante las realizaciones de /b/, /d/ y /g/ entre vocales en español ya que en esta lengua dichos sonidos se realizan como aproximantes mientras que en las respectivas lenguas maternas de los alumnos la realización es siempre oclusiva. Se trata, en este caso, de un problema de tensión que nada tiene que ver con la zona de articulación puesto que esta no varía. Para corregir la pronunciación de estos sonidos, por tanto, hay que enseñar a los alumnos a realizarlos con menos esfuerzo articulatorio utilizando para ello, en una primera etapa de la corrección, en lugar de los sonidos que se están enseñando otros que sean mucho más laxos: consonantes fricativas, por ejemplo, para substituirlas después por las aproximantes adecuadas. La técnica que emplea la "pronunciación matizada" consiste en relajar la pronunciación mucho más de lo necesario para llegar después al grado de tensión adecuado. Se trata, por tanto, de aprovechar los recursos de los que dispone ya la lengua y que modifican la pronunciación de forma espontánea para conseguir los efectos deseados también en lo referente al grado de tensión necesario en las realizaciones.

CONCLUSIONES

Como conclusión de este trabajo puede afirmarse que el profesor de lengua extranjera no necesita ser un especialista en fonética sino que debe conocer tan solo algunas nociones fundamentales en este dominio de la lingüística para conseguir que sus alumnos produzcan realizaciones adecuadas de las unidades fónicas de la lengua que están aprendiendo. También le es posible al profesor de lengua extranjera predecir los problemas de pronunciación que presentarán sus alumnos tomando en cuenta los sonidos que existen en la lengua extranjera y no existen en la lengua materna, la diferente distribución que presentan los sonidos en la lengua extranjera y la distinta "realización fónica" de los mismos. Finalmente, para la preparación de los ejercicios de corrección fonética el profesor puede apoyarse en aquellos factores que en la comunicación habitual inciden directamente en la pronunciación de los sonidos para utilizarlos en el proceso de modificación de las realizaciones de sus estudiantes: el hecho de que la audición regula la producción; el papel de los elementos suprasegmentales como integradores; las modificaciones en la producción originadas por los fenómenos de fonética combinatoria y "pronunciación matizada" y el efecto de la tensión en las realizaciones de los sonidos del habla.

BIBLIOGRAFÍA

Ahumada, G. P. (2010). *La enseñanza de la pronunciación en ELE: una asignatura pendiente*. Mémoire présenté à la Faculté des études supérieures et postdoctorales en vue de l'obtention du grade de maîtrise en Études hispaniques, Université de Montreal.

Alarcos, E. (1965). Representaciones gráficas del lenguaje. *Archivum, 15*, 5-58.

Arroyo, I. (2009). Tensión y cantidad en la corrección fonética con italófonos: una propuesta para el aula de ELE. *RESLA, 22*, 59-75.

Barajas, D. (2011). Estrategias correctivas en la pronunciación de consonantes: una aplicación del método verbo-tonal a la enseñanza de español a coreanos. *Iberoamérica, 13*-1, Universidad de Estudios Extranjeros de Busan, 389-432.

Flege, J. E. (1980). Phonetic Approximation in Second Language Acquisition. *Language Learning, 30* (1), 117-134.

Flege, J. E. (1987). The production of 'new' and 'similar' phones in a foreign language: evidence for the effect of equivalence classification. *Journal of Phonetics, 15*, 47-65.

Flege, J. E. (2003). Interaction between the native and second language phonetic subsystems. *Speech Communication, 40*, 467-491.

Flege, J. E. (2004). Perceived phonetic dissimilarity and L2 speech learning: the case of Japanese /r/ and English /l/ and /r/. *Journal of Phonetics, 32*, 233-250.

Flege, J. E. (2006). Degree of foreign accent in English sentences produced by Korean Children and adults. *Journal of Phonetics, 34*, 153-175.

Flege, J. E., Piske, T. & MacKay, I. R. A. (2011). Investigating native and non-native vowels produced in conversational speech. In M. Wrembel, M. Kul & K. Dziubalska-Kołaczyk (Eds.), *Achievements and perspectives in the acquisition of second language speech: New Sounds*, Vol. 2, (195-205). Bern: Peter Lang.

Guberina, P. (2008). *Retrospección* (edición en español y prólogo de J. Murillo). Editions du CIPA: Mons.

Hualde, J. I. (2005). *The Sounds of Spanish*. Cambridge: Cambridge University Press.

Lara, L. F. (1976). *El concepto de norma en lingüística*. México: El Colegio de México.

Lu, Jingsheng (2008). Distancia interlingüística: partida de reflexiones metodológicas del español en el contexto chino. *México y la Cuenca del Pacífico*, 11(32), 45-56.

Moreno, F. (1996). *¿Qué español enseñar?* Madrid: Arco Libros.

Moreno, F. (2000). *Adquisición de segundas lenguas: variación y contexto social*. Madrid: Arco Libros.

Moreno, F. (2005). *Principios de sociolingüística y sociología del lenguaje*. Barcelona: Ariel.

Navarro Tomás, T. (1918). *Manual de pronunciación española*. Madrid: Espasa Calpe (numerosas ediciones posteriores).

Navarro Tomás, T. (1945). *Manual de entonación española*. Madrid: Guadarrama (numerosas ediciones posteriores).

Orta Gracia, A. (2007). *La enseñanza explícita de la pronunciación: creencias de los profesores y sus repercusiones en el aula de ELE*. Memoria de Investigación, Departament de Didàctica de la Llengua i la Litertura, Universidad de Barcelona.

Orta Gracia, A. (2009). Creencias de los profesores acerca de la pronunciación y sus repercusiones en el aula. *PHONICA*, 5, 48-73.

Padilla, X. (2007). El lugar de la pronunciación en clase de ELE. *Las destrezas orales en la enseñanza del español L2, XVII Congreso Internacional de la Asociación del Español como lengua extranjera* (ASELE), vol. 2, (871- 888). Logroño: Universidad de Logroño.

Padilla, X., Gironzetti, E., Martínez, I. & Pastor, A. (2010). Una caza del tesoro para aprender la pronunciación del español. *Grupo Pronuncia bien*. Alicante: Universitat d'Alacant (publicación digital en el blog: Accedido el 5 de marzo de 2015, en http://blogs.ua.es/xose/).

Poch Olivé, D. (1999). *Fonética para aprender español: Pronunciación*. Madrid: Síntesis.

Poch Olivé, D. (2004). La pronunciación en la enseñanza del español como lengua extranjera. *RedELE*, 1 (revista electrónica).

Poch Olivé, D. (2010). La enseñanza de la pronunciación en clase de ELE: la formación del profesor, *II Encuentros ELE Comillas. El profesor de ELE: metodología, técnicas y recursos para el aula* (124-133). Madrid: Ministerio de Educación – Fundación Comillas.

Poch Olivé, D. & Igarreta, A. (2014). Tender puentes: distancia lingüística y pronunciación. In B. Ferrús & D. Poch Olivé (Eds.), *El español entre dos mundos* (139-159). Madrid: Iberoamericana Vervuert.

Quilis, A. (1981). *Principios de fonética y fonología españolas*. Madrid: Gredos (numerosas reediciones posteriores).

Real Academia Española (2011). *Nueva Gramática de la Lengua Española: Fonética y Fonología* y el DVD *Las voces del español: tiempo y espacio*. Madrid: Espasa.

Renard, R. (1977). *La méthode verbo-tonale de correction phnétique*. Bruxelles: Didier.

Santamaría Busto, E. (2007). Enseñar prosodia en el aula: Reflexiones y propuestas. In E. Balmaseda (Ed.), *Las destrezas orales en la enseñanza del español L2. XVII Congreso Internacional de la Asociación para la Enseñanza del Español como Lengua Extranjera* (ASELE) Vol. 2, (1237-1250.). Logroño: Universidad de Logroño.

Santamaría Busto, E. (2010). Formación y recursos para la enseñanza de la pronunciación y la corrección fonética en el aula de ELE. *RedELE*, 20 (revista electrónica).

Trubetzkoy, N. (1939). *Principios de fonología*. Madrid: Cincel (numerosas reediciones posteriores).

Tusón, J. (1988). *Mal de llengües. A l'entorn dels prejudicis lingüístics*. Barcelona: Empúries. Versión en español: (1997). *Los prejuicios lingüísticos*. Barcelona: Octaedro.

Yagüello, M. (1988). *Catalogue des idées reçues sur la langue*. Paris: Seuil.

LAS UNIDADES LÉXICAS Y LA ENSEÑANZA DEL LÉXICO A EXTRANJEROS

Marta Higueras García
Instituto Cervantes

ABSTRACT

In this paper, we help reflect on the units of analysis on which to base the teaching of vocabulary. To this, we start from the conviction that the teaching of foreign students lexicon has to focus on the study of lexical units and not be limited to words. So then after identify and explain the types of relevant teaching E/LE lexical units, present the advantages of teaching vocabulary from lexical units.

Keywords: *learning vocabulary, word, lexical unit.*

RESUMEN

En este trabajo pretendemos ayudar a reflexionar sobre las unidades de análisis en las que asentar la enseñanza del léxico. Para tal, partimos de la convicción de que la enseñanza del léxico a alumnos extranjeros ha de centrarse en el estudio de las unidades léxicas y no limitarse únicamente a palabras. Así pues, a continuación, tras delimitar y explicar los tipos de unidades léxicas relevantes para la enseñanza de E/LE, presentamos las ventajas de enseñar léxico a partir de unidades léxicas.

Palabras clave: *aprendizaje del léxico, palabra, unidad léxica.*

INTRODUCCIÓN

Entre los diferentes componentes de la enseñanza de una lengua extranjera, la enseñanza del léxico ocupa sin duda un lugar destacado. Tanto profesores como alumnos son conscientes de su utilidad y los primeros especialmente sienten la necesidad de incorporarlo en las clases, sin que resulte siempre fácil delimitar qué léxico enseñar, cuándo y cómo.

El presente trabajo tiene como objetivo principal ayudar a reflexionar sobre las unidades léxicas, es decir, acerca de las unidades de análisis sobre las que se debe basar la enseñanza del léxico; en primer lugar aparece una delimitación del concepto de unidad léxica y, en segundo, se desarrollan ampliamente los cuatro tipos de unidades léxicas que cabe considerar desde una perspectiva didáctica, con una especial atención a los tipos de expresiones idiomáticas. Por último, se analizan las ventajas de concebir la enseñanza del léxico a extranjeros basada en unidades léxicas y no en palabras.

1. Delimitación de conceptos

Nuestro punto de partida es que la enseñanza del léxico a extranjeros no debe descansar sólo en palabras, sino en unidades léxicas, un concepto más amplio que incluye tanto lo que tradicionalmente entendemos por palabras, como otras combinaciones - más o menos fijas -, que estudiaremos a lo largo del presente trabajo: las combinaciones sintagmáticas, las expresiones idiomáticas y las expresiones institucionalizadas.

Limitarse únicamente a enseñar palabras sería comparable a restringir la enseñanza de la gramática a categorías como el nombre, el adjetivo o el verbo sin tener en cuenta unidades mayores como la oración o el texto o, por ejemplo, concluir que la arquitectura es el estudio de los ladrillos con los que se hace una casa.

Evidentemente las palabras forman parte de cualquier estudio del léxico, pero no parece ser la unidad adecuada para la enseñanza de léxico a extranjeros, al dejar fuera ciertas combinaciones que requieren una especial atención por parte del aprendiente por ser idiosincrásicas de cada lengua y, en algunas ocasiones, idiomáticas.

A continuación ofrecemos una propuesta personal que incluye todos los tipos de unidades léxicas que deben enseñar los profesores de lengua extranjera. Los cuatro tipos de unidades léxicas contemplados son:

La incorporación del término "unidades pluriverbales lexicalizadas y habitualizadas" nos parece acertada para dar cuenta de las unidades léxicas que constan de más de una palabra (pluriverbales), que se diferencian de las combinaciones de palabras precisamente en que hay cierta cohesión interna entre ellas (lexicalizadas), y en que son la combinación más usual empleada por un nativo en un contexto determinado (habitualizadas).

2. Las combinaciones sintagmáticas

Entendemos por combinación sintagmática una unidad léxica formada por dos lexemas, que tiene un sentido unitario, semánticamente transparente, con cierta estabilidad y cohesión interna, que no equivale a un elemento oracional desde el punto de vista sintáctico ni morfológico y que sirve para dar cuenta de las restricciones combinatorias de las palabras desde el punto de vista semántico.

Si analizamos paso a paso cada uno de los semas contenidos en esta definición, lo primero que podemos constatar es que la combinación sintagmática es un tipo de unidad léxica y no un tipo de relación semántica, como en principio sugirió el término "colocación"[1] o "solidaridad léxica"[2], de los que es heredera, y

---

[1] Stefan Ettinger (1982) desde una perspectiva lexicográfica define las colocaciones como: «la tendencia sintáctico-semántica de las palabras aisladas de una lengua a adoptar tan sólo un número limitado de combinaciones de otras palabras». A continuación señala que esas combinaciones se pueden deber a motivos extralingüísticos (por ejemplo, nuestro conocimiento del mundo parece descartar *caballo rojo) o a criterios semánticos y sintácticos. Volveremos sobre esta idea ya que será en este último caso en el que se produzcan más interferencias con la lengua materna; consecuentemente, el profesor de una lengua extranjera debe, centrarse en las que son idiosincrásicas de la lengua objeto.

[2] El término se debe a Coseriu (1977), quien lo define del siguiente modo: «La solidaridad es la relación entre dos lexemas pertenecientes a campos distintos de los que uno está comprendido en parte o en su totalidad en el otro, como rasgo distintivo (sema) que limita su combinabilidad. Distinguimos tres tipos de solidaridad: afinidad, selección e implicación».

de ahí que prefiramos denominarla "combinación sintagmática" para diferenciarlas.

La primera característica pues, es que es una unidad léxica formada por dos lexemas, aunque también podríamos considerar que los casos de "régimen" son otro tipo de combinaciones sintagmáticas de tipo gramatical, como hacen Benson, Benson & Ilson[3] (1986).

En segundo lugar, hemos afirmado que la combinación sintagmática tiene un sentido unitario, de ahí que semánticamente se pueda considerar una unidad. Esta idea es especialmente importante desde la perspectiva de la didáctica del léxico a extranjeros: por ejemplo, si en un texto aparecieran estas dos frases: *Los empresarios han convocado una reunión para finales de semana* o *El cazador le tendió una trampa*, no tendría sentido centrar la atención del alumno en palabras como *convocar* o *tender*, sino en las unidades léxicas enteras: *convocar una reunión* o *tender una trampa*, ya que a la hora de explicar el significado de estas dos palabras - *convocar* y *tender* - sería difícil hacerlo sin recurrir a los matices que adquieren al combinarse con sus complementos respectivos.

En tercer lugar, cabe notar que las combinaciones sintagmáticas son semánticamente transparentes, es decir, que su significado es la suma de los significados de las palabras que la integran y ésta será una de las características que las distingan de las expresiones idiomáticas.

Hemos señalado, en cuarto lugar, que la combinación sintagmática posee cierta estabilidad y cohesión interna que se manifiesta, por poner un ejemplo, en la concordancia en género y número cuando aparecen sustantivos y adjetivos. Hablamos de cierta estabilidad

---

[3] Para estos autores, *falta de, fiel a, avergonzarse de...* serían ejemplos de combinaciones sintagmáticas gramaticales, frente a ejemplos como *situación delicada, rogar encarecidamente, rayar un disco, coger un avión, poner una multa, problema gordo...* que serían casos de combinaciones sintagmáticas léxicas.

para diferenciarlas de las combinaciones libres por un lado y de las expresiones idiomáticas por otro, ya que estas últimas están casi totalmente fijadas en la lengua y admiten muy pocas variaciones. La estabilidad y cohesión relativa que caracteriza a las combinaciones sintagmáticas permite la inclusión de modificadores, la transformación a pasivas y los cambios de gradación del adjetivo por ejemplo, pero no la alteración del orden (excepto la del adjetivo, que es frecuente en español), ni la sustitución por sinónimos. Obsérvense estos ejemplos:

Ej.: *situación muy delicada/situación un poco delicada*
Ej.: *el avión fue cogido.../la multa fue puesta por el policía...*
Ej.: *problema gordísimo/situación delicadísima*
Ej.: **el avión coger/*encarecidamente rogar*
Ej.: **problema grueso*

También es curioso señalar que no hay la misma cohesión o grado de implicación en una dirección que en otra; por ejemplo, *relinchar* implica la aparición de un sujeto *caballo*, pero no a la inversa, puesto que *caballo* se combina con otros verbos, como *saltar, comer, dormir, correr,* etc.

En quinto lugar, hemos puesto de manifiesto en la definición de combinación sintagmática que no equivale a un elemento oracional desde el punto de vista sintáctico ni morfológico, es decir que no desempeña la función de un nombre o un adjetivo o un adverbio, puesto que son un tipo de relación que se crea desde el punto de vista semántico y no sintáctico. Volveremos sobre este punto para diferenciarlas de las palabras compuestas.

Por último, hemos concluido diciendo que las combinaciones sintagmáticas sirven para dar cuenta de las restricciones combinatorias de las palabras, hecho crucial en el aprendizaje del léxico como lengua extranjera.

2.1. Tipos de combinaciones sintagmáticas

Se pueden encontrar distintos tipos de clasificaciones según el punto de vista que se adopte. Ya hemos visto que algunos autores las dividen en dos grupos, las léxicas y las gramaticales, teniendo en cuenta el tipo de palabras que la forman.

Otro criterio que se podría tener en cuenta es el origen de las combinaciones sintagmáticas, lo cual es útil por sus implicaciones didácticas. De este modo, distinguimos dos grupos: las que están determinadas por el conocimiento del mundo y las determinadas por la lengua.

En algunos casos, las combinaciones sintagmáticas tienen un alcance único, es decir que la aparición de un término implica la utilización de otro, porque los rasgos sémicos incluidos en esa palabra, asociados a nuestro conocimiento del mundo exigen esa relación; ejemplos de ello serían: *talar un árbol, el perro ladra* o *la rana croa*.

Esta idea ya estaba apuntada en Coseriu (1977) y es la responsable de que podamos desviarnos voluntariamente de la norma para crear asociaciones poéticas, como por ejemplo: *Las piedras lloran su ausencia* o *El caballo rojo de pasión galopaba por los valles*.

Por otra parte, en todas las lenguas hay también muchas combinaciones idiosincrásicas que posibilitan unas combinaciones e imposibilitan otras, independientemente de las realidades extralingüísticas a las que se refieren (compárese *chica morena* frente a **chica marrón)*. A modo de ejemplo diremos que en español el *deporte se hace,* pero no *se realiza,* en español la lotería *nos toca,* pero en inglés *se gana,* en español *se hace una pregunta* y en francés *se pone,* en español *se tienen cosquillas* y en italiano *se sufren,* en español *se tienen niños* y en árabe *se hacen...,* por apuntar algunos de los innumerables ejemplos que podríamos citar.

En este sentido, seguimos la línea de Saussure (1916) cuando distinguía entre combinaciones libres, que son del dominio del habla, entendiendo por ésta la utilización del código por parte del hablante con la finalidad de expresar su pensamiento personal, frente a las combinaciones no libres, que vienen determinadas por la lengua[4].

2.2. Distinción entre combinaciones sintagmáticas y palabras compuestas

Al estar formadas las combinaciones sintagmáticas por dos lexemas es preciso no confundirlas con las palabras compuestas. Se aprecian algunas características comunes: el hecho de ser ambas unidades una combinación estable de lexemas y que formen una unidad con un significado unitario nuevo. Citamos la definición de "compuesto" del *Diccionario de Lingüística* (1979):

> Se llama palabra compuesta a una palabra que contiene dos, o más de dos, morfemas léxicos y que corresponde a una unidad significativa: *coliflor, portafolios,* son palabras compuestas.

Sin embargo, las diferencias que observamos entre los dos conceptos son muchas:

---

[4] F. de Saussure ofrece dos tipos de ejemplos, según se cita en J. Dubois et al. (1979): A) *á quoi bon?, allons donc!, a forcé de.pas n'est besoin...,* ¡*Vamos, hombre!,* ¡*anda ya!, a fuerza de, a santo de qué, no hay por qué...* «Estos giros no pueden ser improvisados ya que son suministrados por la tradición»; B) El derivado francés *inécorable (indecorable)* se ha fabricado según el principio de la cuarta proporción, a partir de *décorer,* siguiendo el modelo *pardonner/impardonnable.* Saussure ve aquí una combinación de la lengua, no del habla. Es decir, que todo neologismo proviene del mecanismo de la lengua.

a. El compuesto pertenece a una categoría gramatical y la combinación sintagmática no, puesto que es una unidad semántica formada por la suma de dos categorías:

	Compuestos	Combinaciones sintagmáticas
(V + CD)	*Sacacorchos* (sust.)	*Convocar una reunión*
(N + ADJ)	*Aguardiente* (sust.)	*Fruta madura*

b. Se comportan de distinta manera frente a la variación de número. Para formar el plural de una combinación sintagmática es preciso que vayan en plural las dos palabras que la forman: Ej.: *fruta madura/*frutas madura/*fruta maduras*. Sin embargo, como señalan Alcina & Blecua (1991) en la formación del plural de los nombres compuestos influye el grado de cohesión alcanzado por los componentes. Cuando los elementos tienen una gran cohesión, si admiten el plural, lo forman sobre el último componente; si su cohesión no es completa, lo forma el primer constituyente o ambos, de ahí que coexistan: *guardias civiles y guardiaciviles*.
Continúan estos autores (1991) de este modo:

> Los compuestos por dos nombres, uno en función sustantiva y otro en función adjetiva, son los que más fácilmente se lexicalizan y forman el plural según el último miembro componente. Ej.: *bocamangas, salvoconductos, bocacalles, ferrocarriles, parabrisas, agridulces, padrenuestros, vanaglorias....*
>
> Por último, los compuestos formados por un verbo más un sustantivo forman el plural flexionando el sustantivo o quedan invariables. Ej.: *guardarropas, salvamanteles, sacacorchos, quitamanchas*.

Cuando el último componente es el verbo, se mantienen invariables. Ej.: haz- merreír, quitaipón.

c. Se comportan de distinta manera frente a la variación de género. En las combinaciones sintagmáticas en las que aparecen nombres y adjetivos todos deben concordar en género, mientras que en los compuestos es posible que uno sea masculino y otro femenino, pues lo que importa es el género del compuesto resultante.

Ej.: *la fruta madura/*la fruta maduro*
Frente a:
Ej.: *coche (m.) + cama (f.) => el coche cama*

d. En el compuesto hay un proceso de lexicalización en un grado mayor que en las combinaciones sintagmáticas; este hecho se refleja en varios aspectos:

- La mayoría de los compuestos se escriben gráficamente en una sola palabra y las combinaciones sintagmáticas no.
- Algunas palabras se han modificado al formar parte de un compuesto *(agridulce, ojinegro...)*.
- Los verbos no se pueden conjugar en un compuesto, pero sí en una combinación sintagmática: compárense *voy a convocar una reunión/convoqué una reunión/convocaré una reunión* frente a *sacacorchos/*saquécorchos*.
- Como señalaron Hernanz & Brucart (1987) el segundo elemento nominal de un compuesto no puede aparecer dotado de un especificador o de un complemento propio: **coche cama comodísima, *pez dos espadas...* y nosotros constatamos que esta restricción no afecta a las combinaciones sintagmáticas: *fruta madura/fruta muy madura, convocar una reunión/ convocar urgentemente una reunión*.

3. Expresiones idiomáticas

Respecto al segundo grupo que denominamos "expresiones idiomáticas", las definimos como las expresiones fijas de dos o más palabras que comparten las características de estabilidad e idiomaticidad (determinada por la lengua y no por el conocimiento del mundo) y que deben ser completadas por otras palabras para poder formar una oración.

Zuloaga (1980) define la idiomaticidad en los siguientes términos:

> El rasgo semántico propio de ciertas construcciones lingüísticas fijas, cuyo sentido no puede establecerse a partir de los significados de sus elementos componentes ni del de su combinación.

La estabilidad la entendemos en el sentido que resumen Varela & Kubarth (1994) y es la que imposibilita en la mayoría de los casos, aunque hay excepciones, variaciones como las siguientes (los ejemplos son de los propios autores):

- Cambio de orden
Ej.: *Común y corriente*
*Corriente y común

- Alteración en el número de elementos
Ej.: *Con mil amores haré lo que me pides*
*Con amores haré lo que me pides

- Conversión a pasivas
Ej.: *Donde Cristo dio las tres voces*
*Donde fueron dadas las tres voces por Cristo...

- Derivaciones u otros procesos de formación de palabras
Ej.: *Llueve sobre mojado*
*Lluvia sobre mojado

- Sustitución por sinónimos
Ej.: ¡Se acabó lo que se daba!
*¡Se terminó lo que se daba!

- Cambios en la gradación del adjetivo
Ej.: Ser una buena alhaja
*Ser una buenísima alhaja

Dentro de las expresiones idiomáticas consideramos los siguientes tipos: locuciones, clichés, comparaciones fijadas, timos o muletillas, frases hechas y complejos fraseológicos con casillas vacías.

3.1. Locuciones

Aceptamos la definición de Sevilla & Arroyo (1993) y discrepamos en los tipos de locuciones que había señalado Casares (1992)[5] (reimpresión); así, entendemos por locución la expresión pluriverbal fija e idiomática que no forma una oración cabal y funciona como un elemento oracional.

---

[5] Partiendo de la definición del *DRAE* y modificando algunos aspectos, J. Casares propuso la siguiente definición de locución: «Combinación estable de dos o más términos, que funciona como elemento oracional y cuyo sentido unitario consabido no se justifica, sin más, como una suma del significado normal de los componentes».

Para Casares las locuciones tienen tres características: en primer lugar, la inalterabilidad, es decir que las palabras que la forman están vinculadas de un modo estable; en segundo, que los hablantes la conciben como una fórmula estereotipada de sentido unitario y, por último, que puede constituir una oración cabal (a diferencia de lo que señala la definición del *DRAE*). Algunos de los ejemplos citados son: *Con tal de que, ¡Ancha es Castilla!, que no tiene donde caerse muerto, lengua de gato, coser y cantar*, etc.

Según su opinión, las locuciones forman dos grandes grupos desde el punto de vista morfológico y funcional: significantes, integradas por voces con contenido semántico y locuciones conexivas, las formadas por partículas vacías de contenido semántico y que sirven de enlace.

Las locuciones significantes pueden ser nominales, adjetivales, verbales, participiales, adverbiales, pronominales y exclamativas, según cumplan la función de un nombre, adjetivo, verbo, etc.

Por otra parte, las locuciones conexivas también se dividen en dos grupos: las conjuntivas y prepositivas, en función de que sirvan de enlace de oraciones o sintagmas respectivamente.

Hemos observado que el grupo que denominamos "locuciones" es bastante heterogéneo, puesto que en algunas de ellas se pueden intercalar otras palabras, los verbos se pueden conjugar e incluso se admiten ciertas variaciones y en otros tipos de locuciones no. Compárense estos ejemplos:

>Ej.: - *pasárselo bien/pasárselo en grande/pasárselo bomba...*
>- meter la pata/he metido la patita hasta el fondo/meter un poco la pata...

Sin embargo, en las locuciones prepositivas, conjuntivas y adverbiales estos cambios no se toleran, por lo que estarían más cerca de la zona fronteriza con las frases hechas:

>- *a tontas y a locas/*a muy tontas y muy locas/*a locas y a tontas*
>- con tal de que/*con tales de que
>- en efecto/*en muy efecto
>- por encima de/*por encimita de
>- *a través de/*través de*

Muchos de los ejemplos que Casares califica de locuciones nominales son para nosotros palabras compuestas o combinaciones sintagmáticas: *coche cama, falda pantalón, ciudad jardín, café bar* o simplemente dos nombres en aposición: *Hotel Victoria, Instituto Cervantes*. Como podemos observar, ninguno de estos ejemplos cumple el criterio de idiomaticidad, que para nosotros es básico para diferenciar las expresiones idiomáticas de las combinaciones sintagmáticas.

Respecto a los ejemplos que propone Casares de locuciones adjetivas, bien podrían considerarse frases hechas, puesto que no es posible modificar ninguno de sus elementos:

Ej.: *de rompe y rasga/*de rasga y rompe*
de chicha y nabo/*de carne y nabo
de órdago/*de envite

Donde discrepamos totalmente es en el caso de las locuciones verbales, acerca de las cuales Casares (1992) reconoce que «todas ellas ofrecen el aspecto de una oración, que puede ser transitiva, intransitiva o predicativa». Esta afirmación iría en contra de la definición que hemos propuesto de expresión idiomática, pues habíamos afirmado que las locuciones funcionan como un elemento oracional.

Nuestra clasificación de locuciones incluye los siguientes tipos: locuciones conjuntivas, locuciones prepositivas, locuciones adverbiales, locuciones predicativas, locuciones atributivas, locuciones nominales y locuciones adjetivas.

Las locuciones conjuntivas equivalen a una conjunción y son muy fijas, no admiten variación: *con tal de que, a pesar de que...*

Las locuciones prepositivas equivalen a una preposición y tampoco admiten variaciones: *en pos de, a través de...*

Las locuciones adverbiales equivalen a un adverbio, admiten pocas variaciones y son un grupo muy numeroso: *de mañana (muy de mañana), en efecto, por supuesto (por supuestísimo), a oscuras...*

Las locuciones predicativas equivalen a un predicado, es decir, a un verbo no copulativo más los complementos que precise. Preferimos este término a verbales, porque no siempre equivalen a un verbo sino a todo un predicado: *pasárselo bomba, tomar el pelo, meter la pata...*

Las locuciones atributivas equivalen a un verbo copulativo o semipredicativo y su atributo: *estar sin blanca, estar verde, ser un viejo verde*, etc.

Estos dos últimos tipos de locuciones - predicativas y atributivas - admiten cambios de tiempo, persona... en el verbo, hecho que las diferencia de las frases hechas, en las que el verbo no se flexiona.

Por otra parte, también son distintas de las combinaciones sintagmáticas, puesto que estas locuciones son semánticamente opacas y aquellas eran transparentes.

Las locuciones nominales equivalen a un nombre y suelen presentar la estructura N + ADJ o N + SPrep. Se diferencian de las combinaciones sintagmáticas en que son semánticamente opacas y admiten menos variaciones que aquellas: *letra de cambio, guerra fría, mercado negro, cabeza de turco,* etc.

Las locuciones adjetivas equivalen a un adjetivo: *de rompe y rasga, de palabra, de fiar, de alto standing,* etc.

3.2. Clichés, comparaciones fijadas, frases hechas y timos o muletillas

Coincidimos con Sevilla & Arroyo (1993) en las definiciones que han propuesto de estos términos. El cliché lo definen como un sintagma nominal, aspecto que lo diferencia de otras expresiones idiomáticas, que contiene una metáfora que era expresiva en sus orígenes pero que se ha trivializado y codificado por su uso frecuente. Ej.: *Las perlas de su boca, el astro de la noche...*

Las comparaciones fijadas se parecen a las locuciones verbales en que tienen un verbo conjugado, pero se distinguen por su estructura claramente comparativa. Ej.: *Ser blanco como la nieve, ser más terco que una mula, dormir como un tronco.*

Las frases hechas las presentan como una expresión que

> se inserta en el discurso como una pieza única y que no ofrece posibilidades de cambios en ninguno de sus elementos ni de inserción de otros.

Ej.: *Otro gallo me cantara*

Esta precisión nos parece pertinente porque las distingue de las locuciones predicativas y atributivas en las que el verbo se conjuga y puede aparecer modificado por circunstanciales, por ejemplo.

También las diferencian de las frases proverbiales[6], ya que las frases hechas no tienen el carácter moralizante de las frases proverbiales, como puede observarse en estos ejemplos: *donde Cristo dio las tres voces, en el quinto pino, el día que las ranas críen pelo...*

Por último, los timos o muletillas son juegos de palabras con rima interna, cuyo sentido está basado en los efectos fonéticos. La primera parte es generalmente un verbo y alude a una realidad inmediata, con la que tanto el hablante como el oyente están familiarizados; la segunda parte suele ser un nombre propio que rima con el anterior. Ej.: *estéis listo Calixto; de eso nada, monada; una y no más, Santo Tomás...*

3.3. Complejos fraseológicos con casillas vacías

Compartimos la definición que proponen Varela & Kubarth (1994) en el prólogo de su diccionario fraseológico:

---

[6] El concepto de "frase proverbial" está para Casares (1992) a caballo entre las locuciones y los refranes, por lo tanto una buena manera de definirlo es señalar sus diferencias con unas y otros. Este autor entiende "proverbial" del siguiente modo: «algo que tiene una tradición de ejemplaridad por consenso de una comunidad lingüística; [...] es siempre algo que se dijo o se escribió y su uso en la lengua tiene el carácter de una cita, de algo que se trae a cuento ante una situación que en algún modo se asemeja a la que dio origen al dicho. Su valor expresivo no está en las imágenes que pueda contener, cosa que es esencial en las locuciones significantes, sino en el paralelismo que se establece entre el momento actual y otro pretérito, evocado con determinadas palabras». Ej.: en el mundo ha habido muchos casos de paciencia, pero en la fraseología española sólo se ha consolidado unida al santo Job; respecto a las guerras, ha perdurado el recuerdo de Troya *(Allí fue Troya)*, etc.

Por último, cabe señalar que las frases proverbiales son privativas de los pueblos en que nacieron, no se pueden emplear en otros contextos culturales.

Son construcciones que contienen una estructura idiomática estable, pero que ofrecen una o más casillas vacías que pueden ser rellenadas solamente por palabras pertenecientes a determinada categoría semántica o gramatical

Ej.: *a ... (tiro, golpe, tortazo, puñetazo...) limpio*

4. Expresiones institucionalizadas

En líneas generales, el concepto de "expresiones institucionalizadas" ("institutionalized expressions" para Lewis 1993) coincide con el de "expresiones" de Varela & Kubarth (1994) que citamos a continuación, aunque a nosotros la elección del término "expresiones" no nos parece muy acertada, pues es demasiado general:

> Se trata de secuencias que, en muchos casos, constituyen residuos de oraciones gramaticalmente completas y que aquí se encuentran reducidas a muy pocos elementos [...] y que contribuyen al buen funcionamiento de la comunicación o facilitan la interacción social y sólo dentro de éstas se comprende su estabilidad e idiomaticidad.
>
> Ej.: *dicho sea de paso, lo que oyes, yo que tú, que en paz descanse*

Desde nuestro punto de vista forman parte del léxico, aunque están a caballo entre el léxico y la gramática. La idea de su inclusión como parte de la enseñanza del léxico la tomamos de Lewis (1993), pero indirectamente estaba ya formulada en el concepto de exponente defendido por el enfoque comunicativo de enseñanza de lenguas.

5. Consecuencias didácticas

Una vez precisados los distintos tipos de unidades léxicas, pasamos a comentar las consecuencias didácticas de convertir la enseñanza del léxico en algo más que enseñar palabras.

La principal ventaja de enseñar unidades léxicas es que, al utilizar un concepto más amplio que la unidad palabra, ayudamos al alumno a combinarlas y favorecemos de este modo el proceso de aprendizaje y recuperación y mejoramos su competencia comunicativa.

En primer lugar, nos centraremos en las ventajas de enseñar combinaciones sintagmáticas, para lo cual citamos las opiniones de dos autores y las nuestras propias.

Lewis (1993) defiende que enseñar combinaciones sintagmáticas es decisivo porque ayuda a formar redes de significados entre palabras, con lo cual se favorece su aprendizaje y recuperación, ya que parece que así se almacenan las unidades léxicas en el lexicón.

Este tipo de información horizontal referente a la combinación de las palabras constituye una parte decisiva del Enfoque léxico, defendido por Michael Lewis (1993), que consiste en enseñar a segmentar en unidades significativas (*chunking*), ya que se basa en la creencia de que en la memoria no se almacenan palabras aisladas, sino unidades de significado más amplias. Esta es una estrategia que ayudará después al aprendiente a recuperar más fácilmente las unidades necesarias en una situación concreta[7].

---

[7] En este sentido Lewis parece hablar de lo que se ha denominado "significado estructural" frente al significada "léxico" (Simone, 1993), entendiendo por el primero el significado que queda tras la extracción de los morfemas léxicos, puesto que tiene que ver con estructuras, aunque sean vacías, preparadas para ser rellenadas por un conjunto de morfemas léxicos sintagmáticamente compatibles entre sí. Por ejemplo, en el enunciado *el presentador ha anunciado al cantante,* la estructura abstracta que obtendríamos al suprimir los morfemas léxicos sería: *el__dor ha__do al___te.*

El significado estructural de este enunciado se puede describir mediante proposiciones: a) el agente ha llevado la acción de___ar sobre el beneficiario; b) la

Por otra parte, Howard (1988) añade otras ventajas de enseñar combinaciones sintagmáticas:

1. En función de la palabra con la que se combine, una palabra adquiere un significado específico: (los ejemplos son nuestros). Ej.: *comida fuerte* = [intensidad de sabor]; *persona fuerte* = [con fuerza física]; *madera fuerte* = [resistente].
2. Con las combinaciones sintagmáticas sabemos el alcance de una palabra, esto es, los grupos de palabras con los que se puede combinar. Ej.: *regar* —> *el césped, plantas, flores y árboles*.
3. Ayuda a comprender las metáforas. Cuando entendemos una metáfora como *premonición de hielo* es porque conocemos las combinaciones sintagmáticas normales de *premonición*, a saber, *muerte, desastres, etc*.
4. En algunos casos, la presencia de una palabra implica la aparición de la otra: es un caso extremo de alcance único. Ej.: *el caballo relincha*.

En este punto al profesor de lenguas extranjeras le surgirá la duda de qué combinaciones sintagmáticas debe enseñar, pues son miles las que existen en cada lengua. Como es de esperar, las combinaciones sintagmáticas que se derivan del conocimiento del mundo no es preciso enseñarlas, ya que son universales; sin embargo, las que no son equivalentes en L1 y L2, es decir las que son propias de cada lengua, crean muchos problemas y son las que fundamentalmente debemos enseñar, como demuestra el trabajo de Bahn (1993).

Desde el punto de vista de la comprensión, las combinaciones sintagmáticas no presentan muchas dificultades, puesto que, como señalamos en la definición, son transparentes; sin embargo, a la hora

---

acción se ha desarrollado en el pasado y está completamente terminada; c) tanto el agente como el beneficiario son numéricamente singulares.

de producirlas surgen innumerables problemas, porque aparecen frecuentemente casos de interferencia de la lengua materna.

En segundo lugar, también las expresiones idiomáticas deben ocupar un papel destacado en la enseñanza del léxico a extranjeros y, de todos los tipos señalados, ocuparán un papel privilegiado las frases hechas y, en menor media, las comparaciones fijadas. Al ser unidades idiomáticas, cuyo significado no se puede entender a pesar de conocerse el significado de las palabras que las integran, suponen una dificultad para el extranjero, tanto a la hora de comprenderlas como de producirlas.

Además, a este hecho hay que añadir una dificultad adicional que radica en que no siempre se puede encontrar un equivalente en la otra lengua. Sin embargo, a pesar de la dificultad que entrañan, por ejemplo la enseñanza de complejos fraseológicos con casillas vacías es muy útil para ayudar a segmentar adecuadamente en unidades léxicas y potenciar esta estrategia que ayudará a los aprendientes a entender fiases nunca oídas antes.

Por ejemplo, si enseñamos la siguiente estructura fraseológica: [hacer algo] en [expresión que denota una cantidad de tiempo corta], cuando el alumno se encuentre con ejemplos como los siguientes es muy posible que los entienda, gracias al contexto y al conocimiento de este complejo fraseológico. Ej.: *en un pis pas, en un periquete, en un abrir y cerrar de ojos, en menos que canta un gallo, en un momento*, etc.

Para concluir, también las expresiones institucionalizadas tienen un papel decisivo en la enseñanza de una lengua extranjera, puesto que su carácter pragmático deja clara la intención del hablante y su enseñanza sirve para agilizar las partes más rutinarias de la conversación y mejorar la competencia comunicativa de los alumnos.

Lo importante en lo que se refiere a su didáctica es que están fijadas por el contexto y por la intención del hablante y que los alumnos reconocen su carácter de unidad o fórmula, puesto que en sus lenguas maternas también se utilizan procedimientos parecidos.

BIBLIOGRAFÍA

Alcina Franch, J. & Blecua, J. M. (1991). *Gramática española*. Barcelona: Ariel.

Bahn, J. (1993). Lexical collocations, *ELTJ*, 7 y V47/I (56-63), Oxford: Oxford University Press.

Baylon, Ch. & Fabre, P. (1994). *Semántica*. Barcelona: Paidós.

Cardona, G. R. (1991). *Diccionario de Lingüística*. Barcelona: Ariel.

Benson, M., Benson, M. & Ilson, R. (1986). *The BBI Combinatory Dictionary of english*. Amsterdam: John Benjamins.

Carter, R. & Mc. Carthy, M. (Eds.) (1988). *Vocabulary and Language Teaching*. London: Longman.

Casares, J. (1992). *Introducción a la lexicografía moderna*. Madrid: CSIC.

Coseriu, E. (1977). *Principios de semántica estructural*. Madrid: Gredos.

Coseriu, E. (1966). Structure lexicale et enseignement du vocabulaire, *Actas du premier colloque international de linguistique appliquée* (Annales de l´est, Mémoire), 31 (27-40). Nancy.

Dubois, J. et al. (1979). *Diccionario de Lingüística*. Madrid: Alianza Editorial.

Forment Fernández, M. (1998). La didáctica de la fraseología ayer y hoy: del aprendizaje memorístico al agrupamiento en los repertorios de funciones comunicativas. In F. Moreno, M. Gil & Alonso, K. (Coods.), *La enseñanza del español como lengua extranjera: del pasado al futuro. Actas del VIII Congreso Internacional de ASELE*, (339-347). Alcalá de Henares: Publicaciones de la Universidad de Alcalá.

García-Page, M. (1996). Problemas en el empleo de la fraseología española por hablantes extranjeros: la violación de restricciones. In M. Rueda, E. Prado, J. Lemen & F. J. Grande (Eds.), *Actas del VI Congreso Internacional de ASELE* (155-162). León: Universidad de León.

Haensch, G., Wolf, L., Ettinger, S. & Werner, R. (1982). *La lexicografía. De la lingüística teórica a la lexicografía práctica*. Madrid: Gredos.

Hernanz, M. L. & Brucart, J. M. (1987). *La sintaxis. 1. Principios teóricos. La oración simple*. Madrid: Crítica.

Higueras García, M. (1996). Aprender y enseñar léxico. In L. Miquel & Sans, N. (Coord.), *Didáctica del español como lengua extranjera*, 3, (111-126). Madrid: Colección Expolingua, Fundación Actilibre.

Higueras García, M. (1997). La importancia del componente idiomático en la enseñanza del léxico a extranjeros. *Frecuencia L*, 6 (15-19). Madrid: Edinumen.

Howard, J. (1988). *Words and their meaning*. New York: Longman.

Howard, J. (1988). Phraseology and second language proficiency, *Applied Linguistics*, 19, 1, (24-44).

Lennon, P. (1998). Approaches to the teaching of idiomatic language, *IRAL*, XXXVI/1, February, (11-30).

Lewis, M. (1993). *The Lexical Approach*. London: Language Teaching Publications.

Lyons, J. (1980). *Semántica*. Barcelona: Teide.

Mc. Carthy, M. & O'dell, F. (1994). *English Vocabulary in Use*. Cambridge: Cambridge University Press.

Mc. Carthy, M. (1990). *Vocabulary*. Oxford: Oxford University Press.

Moreno Cabrera, J. C. (1994). *Curso universitario de lingüística general*. Madrid: Síntesis.

Piñel, R. Mª. (1996). Fraseologismos modificados en publicidad: estudio comparado alemán-español, *Frecuencia L,* 4 (32-36). Madrid: Edinumen.

Sevilla Muñoz, J. & Arroyo, A. (1993). La noción de «expresión idiomática» en francés y en español. *Revista de Filología Francesa,* 4, 247-261.

Saussure, F. De (1916). *Curso de Lingüística general*. Buenos Aires: Losada.

Simone, R. (1993). *Fundamentos de Lingüística*. Barcelona: Ariel Lingüística.

Varela, F. & Kubarth, H. (1994). *Diccionario fraseológico del español moderno*. Madrid: Gredos.

Santos Gargallo, I., Bermejo Rubio, I., Derouiche, N., García Oliva, C., Higueras García, M. & Varela Méndez, C. (1998). *Bibliografía sobre enseñanza-aprendizaje de ELE. Publicaciones periódicas españolas (1983-1997):* Anexo al número 43 de la revista *Carabela*. Madrid: SGEL.

Zuluaga, A. (1975). La fijación fraseológica, *Thesaurus,* 30, 53-61.

Zuluaga, A. (1980). Introducción al estudio de las expresiones fijas, *Studia Románica et Lingüística,* 10. Berna: Francfort de Meno.

EL COMPONENTE INTERCULTURAL EN LA ENSEÑANZA DE ESPAÑOL. EL CASO DE LOS LUSOHABLANTES

Francisco José Fidalgo Enríquez
Universidade da Beira Interior (Portugal)

Há sempre um pais ao lado do nosso e ainda bem!
Possidónio Cachapa

ABSTRACT

In this article is studied the concept of culture according to the guidelines set by the Common European Framework of Reference for Languages in the sociocultural competence. Our proposal to reflect on the sociocultural competence advocates that the apprehension of this competence should not be static but dynamic and pragmatic as he defends the concept of communicative competence. Thus, the acquisition of sociocultural competence should not be restricted to obtain a competence but achieve intercultural awareness among the diverse cultures that reside in the L1 and L2. In this regard, we intend to reflect on some key issues, in our view, for the E/LE with special attention to the case of lusophones.

Keywords: *sociocultural competence, sociocultural awareness, culture, E/LE, lusophones.*

RESUMEN

En este artículo se aborda el concepto de cultura conforme a los trazos marcados por el Marco Común Europeo de Referencia para las Lenguas en los contenidos socioculturales. Nuestra propuesta de reflexión sobre los contenidos socioculturales propugna que la aprensión de estos contenidos no debe ser estática sino dinámica y pragmática como defiende el concepto de competencia comunicativa. Así, el proceso de adquisición de los contenidos socioculturales no debe cifrarse únicamente en obtener una competencia sino en adquirir una consciencia intercultural entre las diversas culturas que anidan en la L2 y en la L1. En este sentido, pretendemos reflexionar sobre algunos aspectos determinantes, a nuestro parecer, para la E/LE con especial atención en el caso de los lusohablantes.

Palabras clave: *contenidos socioculturales, consciencia intercultural, cultura, E/LE, lusohablantes.*

INTRODUCCIÓN

Permítanme que se lo recuerde, vivimos en el siglo de la cultura. No es que antes padeciéramos su falta sino que en nuestro siglo la preocupación por la cultura se ha multiplicado exponencialmente. Los bienpensantes, educadores y hombres (también mujeres) públicos se desvelan por rellenar el ansia cultural hodierna. Los que manejan la *res publica* y las instituciones educativas no se cansan de repetir palabras como multiculturalidad, interculturalidad, integración cultural, diálogo de culturas con el mismo afán que ellos mismos, sus acólitos u otros aprendices de brujo, hablan de choque de civilizaciones y culturas, y consideran a la cultura propia, individual o colectiva, superior al resto. Las antiguas carreras de Letras denominadas

Filologia portuguesa, *Estudos portugueses* o simplemente *Português-espanhol* se han sustituído por *Línguas, literaturas e culturas*[1]. La asignatura de Historia, otrora sola, se acompaña de cultura: *História e cultura portuguesas*. Todo lo cultivable o no, puede tener su propia cultura como la cultura del vino, la cultura del botellón, la cultura del caracol. Para consuelo de la pluriempleada cultura, los periodistas deportivos han preferido la filosofía para denominar el modo de juego de los equipos; la filosofía del Benfica es ir siempre al ataque. ¡Pobre Filosofía! Tampoco los profesores de lenguas escapamos a este deleite nominal y repetimos hasta la saciedad que los alumnos tienen una gran falta de cultura o que un alumno sabe mucha cultura de un determinado país. ¿Por qué conoce la historia, arte y música de un país? ¿Por qué ve mucho la televisión? ¿Por qué ha vivido una temporada allí? ¿Por qué viaja mucho allí? A fuerza de tanto desgastar el término, sus límites designativos se han desdibujado sirviendo para casi todo. Es necesario pues definir qué entendemos por cultura.

1. Definición de cultura

No es casi todo, es "todo". Cultura es todo lo que piensa, dice y hace un grupo de personas, esta definición que podría pecar, a priori, de simplista y precaria, es el punto de partida ineludible para evitar prejuicios. Bajo la égida de cultura caben los pensamientos políticos, históricos, educativos, religiosos de un grupo humano; las palabras relativas a los acontecimientos, sucesos y preocupaciones de ese grupo, las actuaciones de los individuos de ese grupo. Tradicionalmente, por cultura de un grupo de personas se había entendido el concepto de "civilización", es decir, su historia, sus expresiones artísticas, su literatura, todos aquellos datos que vienen recogidos en cualquier

---

[1] Usamos denominaciones de las carreras universitarias portuguesas no españolas.

compendio enciclopédico. Infelizmente esta definición es reductora, ya que soslaya la "otra cultura". La "cultura pequeña", la de las normas culturales, pactadas y aceptadas tácitamente o inconscientemente por un grupo que le sirven para convivir y relacionarse, y la del conjunto de creencias, valores y formas de comportamiento en su relación con los otros de esa cultura y de las otras. Y no solo es reductora, es también agresiva y excluyente, pues compara excluyendo a las otras culturas que no se adaptan al canon de civilización delimitado en términos de cultura nacional[2]. Las culturas no se comunican, chocan o en el mejor de los casos se sobreponen, condenadas a la asimilación o a la desaparición. La concepción de cultura como civilización resulta en un sentimiento de rechazo o de incomprensión, siendo el origen, en muchos casos de los estereotipos[3].

Frente a estas definiciones, la concepción de cultura de Galisson (apud Guillén, 2004, p. 841) tiene la virtud de ser detallada pero integradora. Según su consideración, cada cultura se compone al menos de dos tipos interrelacionadas y con influencias mutuas: la cultura culta y la popular. Ambas son necesarias y solo la suma de ellas es la expresión cultural de un grupo humano. Unamuno, en el mismo sentido, ya defendía la necesidad de aunar dos conceptos para entender el devenir humano: el de la historia, recogida en los volúmenes enciclopédicos, y el de la intrahistoria, las relaciones entre los grupos humanos, a menudo silenciadas. Según Galisson:

> La *cultura culta* entendida como un saber visión que se sitúa en el ámbito del pensamiento, de la vida del espíritu. Es la cultura cultivada institucional, literaria y artística, científica y técnica,

---

[2] Con cultura nacional denominamos el compendio heterodoxo de rasgos de historia, sociología, costumbres, tradiciones, particularidades geográficas y producción artística delimitados políticamente.

[3] Sobre Portugal vid. (De España, 1991).

con carácter enciclopédico, aprendida y, por tanto, dominada por pocos en cada uno de sus componentes.

La *cultura popular (corriente)* referida a un saber acción, a un saber hacer y saber ser/estar con los otros, que se sitúa en el ámbito del comportamiento, de la vida cotidiana, de lo corporal; es la cultura que da cuenta de *lo cultural* experiencial, es adquirida y compartida por mucho en su dimensión comportamental. (apud Guillén, 2004, p. 841)

A esta definición habría que añadir que la concepción holística de la cultura conlleva que no existan límites claramente diferenciados entre lo que pertenece al ámbito de lo culto y qué a lo popular y que, en muchos casos, los límites se superpongan y los contenidos se compartan parcialmente, como en el caso de los refranes o de las leyendas. Además, cada individuo no pertenece a una única cultura sino a varias (por ejemplo, española, gallega, europea, occidental).

De este concepto amplio de cultura urge una primera reflexión: ¿a qué nos referimos cuando hablamos de cultura en la labor educativa? ¿A la historia? ¿A la historia y a la literatura? ¿Por qué se separa la lengua y la literatura de la cultura? ¿La cultura que no es civilización es barbarie? ¿La cultura popular es 'infracultura'? ¿Qué cultura/s se debe enseñar a los alumnos de una lengua extranjera?

2. Los contenidos socioculturales en el aprendizaje de lenguas extranjeras. El caso del español

Enseñar una lengua extranjera es enseñar una cultura y viceversa. De hecho, la lengua es una de las expresiones de una determinada cultura y los cambios culturales provocan variaciones y creaciones lingüísticas[4]. Viajar de una lengua a otra puede ser tan formativo como viajar de un país a otro. Veamos dos ejemplos. "Espantoso" es un falso amigo en portugués y en español, mientras que en aquel provoca admiración y, en general, es percibido como positivo, en español provoca horror y desagrado y es percibido como negativo. El sobresalto y la alteración del devenir de los sucesos son percibidos por la cultura portuguesa en esta palabra como positivo mientras que para la cultura española provoca aversión.

El mismo caso acontece con la palabra exquisito/"esquisito". En ambos casos parte del significado: invulgar, no habitual, siendo en español actualmente una cualidad positiva por su exclusividad, por su rareza, siendo en portugués, en cambio, la rareza, la asintonía con la normalidad causa de su significado negativo.

La lengua viene asimismo asociada a unos patrones culturales indisolubles que son diferentes de una cultura a otra y que tienen repercusión en la lengua. Por ejemplo, los miembros de la cultura portuguesa y española difieren de las connotaciones culturales que asocian a determinadas palabras como bar o sopa.

Enseñar y aprender una lengua no es conocer y dominar la gramática de esa lengua, sino ser competente en esa lengua, es decir, saber comunicarse en cualquier contexto superando cualquier ruido que pudiera aparecer en la comunicación.

El concepto de competencia comunicativa formulado entre otros por Van Ek (apud Oliveras, 2000, p.24) es el resultado de la consideración de la Pragmática como factor decisivo en todos los actos comunicativos, lo que rodea al acto de habla es decisivo para el éxito de la comunicación y para evitar los ruidos. Dentro de la competencia comunicativa, la competencia sociocultural del emisor y del receptor es fundamental para subsanar las deficiencias socioculturales

---

[4] La eclosión de internet, por ejemplo, ha propiciado la creación de nuevas palabras como *emilio* (E-mail) o *cliquear*.

que pueden provocar malentendidos y fallos comunicativos aun con un discurso correcto lingüísticamente. Un ejemplo de este déficit sociocultural podría ser el uso y el abuso de los tacos a destiempo y desmano de muchos aprendices de español intercalando en su discurso, en cualquier momento y ocasión, estos latigazos lingüísticos para evidenciar su conocimiento de la cultura española sea hablando con amigos, conocidos o extraños[5].

La competencia sociocultural es un saber eminentemente práctico, válido y necesario para actuar y comunicarse adecuadamente en actos de habla. No se trata de acumular datos socioculturales sino de usarlos convenientemente. De aquí que tanto el Plan curricular del Instituto Cervantes (PCIC) como el Marco Común Europeo de Referencia para las lenguas (MCER) den cabida en su programación no solo a la cultura culta sino también a la popular, dando mayor espacio, si cabe, a la popular como herramienta necesaria y práctica para facilitar la comunicación. Así, el MCER incluye los siguientes epígrafes para definir los contenidos socioculturales: 1) la vida diaria (comidas y bebidas.....), 2) Las condiciones de vida, 3) Las relaciones personales (relaciones de poder y solidaridad, relaciones entre sexos....), 4) Los valores, creencias y las actitudes respecto a factores (historia y artes...), 5) el lenguaje corporal (convenciones sociales como gestos y acciones que acompañan a las actividades de la lengua, gestos con las manos....), 6) Las convenciones sociales (invitar, regalos.....), 7) El comportamiento ritual en áreas como celebraciones, festividades, bailes y discotecas[6]. La historia y el arte forman parte, pues, de los contenidos socioculturales para adquirir la competencia sociocultural pero no son los únicos como ciertas instituciones de enseñanza y docentes creen, son parte de la cultura, no lo son todo.

---

[5] Véase el esclarecedor y divertido artículo de Arturo Pérez Reverte (1999) titulado: *El insulto*.

[6] In http://cvc.cervantes.es/ensenanza/biblioteca_ele/marco/cvc_mer.pdf. Septiembre de 2007.

Los programas de español de la enseñanza secundaria portuguesa elaborados por Sonsoles Fernández (2001-2003), basados en las directrices del MCER, aunque echamos de menos más "cultura culta", se hacen eco de esta orientación:

> A aprendizagem da língua não deve fazer-se de forma independente da realidade sociocultural. Língua e cultura são indissociáveis, uma vez que a língua, além de veicular a cultura de um país, serve para expressar toda a sua realidade. Todas as funções comunicativas previstas no programa devem trabalhar-se em íntima conexão com a realidade sociocultural [...]. A realidade dos países hispanofalantes deve ser apresentada, também, de forma viva, realizando uma aproximação a partir dos aspectos mais interessantes para os alunos. Os temas transversais (Educação para a cidadania e Aspectos sociais e culturais dos países onde se fala espanhol) devem estar presentes em todas as unidades; os restantes podem ser tratados em unidades autónomas ou estar incluídos em várias. (2001, p.12)

En los contenidos culturales debe estar toda la cultura, no solo algunas partes, enseñar el sistema político autonómico español o las lenguas de España es solo una parte tan importante como trabajar el panorama televisivo español. La lengua es inseparable de la cultura, por consiguiente el docente de lenguas no debe empeñarse en discriminar los contenidos de baja estofa cultural de los de la cultura culta, porque no los hay. El docente no debe insistir en dictar listas interminables de datos culturales que los alumnos tendrán que memorizar, los contenidos socioculturales sirven para adquirir la competencia sociocultural que, a su vez, facilita la competencia comunicativa como suma de todas las competencias necesarias para comunicarse. No se trata de que los alumnos citen datos y números sino que esos contenidos les sirvan, sean útiles para comunicarse de aquí que la finalidad del profesor será dotar al alumno de competencia sociocultural en la lengua extranjera.

3. De los contenidos culturales a la competencia intercultural. Una relación del yo con los otros

Admitida la necesidad de dotar a los alumnos de competencia sociocultural en una lengua extranjera y tomando como contenidos socioculturales generales los recogidos en el MCER, ¿Cuáles serían los que se deberían incluir en la enseñanza del español en Portugal? A nuestro modo de ver, es imperativo reunir todos aquellos que provocan fallos en el proceso de comunicación. Deben introducirse todas las características socioculturales propias de una comunidad de hablantes que impiden la inteligibilidad en la comunicación intercultural en un acto de habla en donde el emisor/es y el receptor/es comparten el mismo código comunicativo (es decir, no solo lingüístico también cultural), facilitando así la superación de los ruidos culturales que pudiesen aparecer. Esta superación quedaría garantizada por la existencia de una correcta retroalimentación verbal o no verbal. Veamos un caso.

En una comida de trabajo entre empresarios portugueses y españoles en Portugal, los portugueses como anfitriones deciden llevar a los españoles a comer paella para agradar. Los españoles comen las gambas y el marisco con las manos, aspecto que desagrada a los portugueses y les hace desconfiar de los españoles. Los españoles que captan la cara de desagrado y de disgusto de alguno de los portugueses se molestan y, a su vez, se indignan porque la paella, pretendidamente española, lleva chorizo y tocino. Los españoles piensan que, como la paella lleva chorizo, los portugueses les han llevado a un restaurante barato y no quieren pagar una paella más cara con marisco. En ambos casos no dicen nada a sus colegas porque no quieren ofender y toman el silencio como muestra de respeto. La comunicación se interrumpe o se ve afectada. Cada grupo cultural actúa de acuerdo a sus patrones socioculturales. De este modo, el desconocimiento de la cultura del otro país produce una actitud de rechazo y frustra la comunicación. El ruido no se supera y ambas partes que, aparentemente entienden la lengua del otro/s, no consiguen comunicarse. ¿Cómo propiciar entonces la comunicación?

En primer lugar a través de la selección de los contenidos socioculturales que son susceptibles de provocar problemas de comunicación intercultural. Para ello sugerimos tomar como modelo de comparación y análisis los puntos atribuidos en el MCER al conocimiento sociocultural, a partir de ahí se deben comparar las culturas en contraste para superar el choque cultural del que habla Oberg (apud Iglesias, 2003, p.11) en tres puntos clave, malentendidos, estereotipos y tabúes:

- Los malentendidos. Interpretaciones erróneas de un mensaje en la comunicación. Por ejemplo, dar la mano cuando los españoles están acostumbrados a dar besos, lo que podría ser interpretado como falta de confianza y frialdad.
- Los tópicos y los estereotipos. Percepciones sobre otra cultura compartidas por un grupo humano y arraigadas profundamente en el subconsciente colectivo de una cultura. Por ejemplo, el de la siesta, los toros, el patriotismo, el flamenco. Así se explica la cara de estupefacción de una profesora de español gallega cuando le preguntaban sus alumnos si podía enseñarles a bailar flamenco dando por supuesto que es un elemento cultural compartido en toda España. A pesar de ello, en un primer estadio, el estereotipo puede ser útil para facilitar la comunicación, para saber desenvolverse en fases de comunicación iniciales, pero a la larga las generalizaciones se convierten en listas de estereotipos prejuiciosas que no solo imposibilitan la comunicación sino que la interrumpen al no contemplar la existencia de muchas culturas en cada cultura, la ansiada multiculturalidad, y al soslayar las relaciones de inclusión y de exclusión entre ellas. El flamenco es

una parte de la cultura española pero no toda, o ¿a todos los portugueses les gusta el fado? Se recomienda para ello los libros de Horacio (2007), De España (1991)[7] como colectáneas de "estereotipos útiles" para intentar definir los contenidos socioculturales.

- Tabúes. Son prohibiciones sociales aceptadas tácitamente por una determinada cultura que determinan que se acepta o no socialmente. A un portugués le puede chocar el uso y el abuso de los tacos y los improperios usados por los españoles y crear una barrera de rechazo ante lo que es desde su punto de vista una falta de educación. También se puede dar el caso contrario de deleitarse en el exabrupto y utilizarlos en situaciones en las que las restricciones sociales lo censuran. Ese el caso del uso de *coño* como interjección válida en cualquier acto de habla por parte de algunos portugueses para facilitar la comunicación consiguiendo el resultado contrario llevando a la sorpresa o pasmo de algunos españoles.

Una vez delimitados los contenidos socioculturales que deben ser incluidos hay que definir cómo debe ser el modelo de aprendizaje de la otra cultura. Este debe estar basado en la relación del yo cultural del aprendiz con la cultura de los otros en los actos de habla donde participa. Para tal fin debe:

- Usar su propia cultura general individual (conocimiento del mundo) como punto de partida para el aprendizaje de una lengua extranjera.
- Reflexionar sobre los datos socioculturales y de comportamiento que definen la cultura en la que está incluido (en este

---

[7] Incluimos en la bibliografía otras referencias interesantes para definir los contenidos socioculturales.

caso la portuguesa) y ponderar su relación con ella. Intentar apropiarse del saber sociocultural necesario para comunicarse con eficacia en la cultura de la lengua que estudia (en este caso el español).
- Dotarse de una consciencia intercultural que le permita como aprendiz de una lengua extranjera, conocer, entender y comprender las relaciones existentes entre la sociedad y cultura de la que forma parte y la de la lengua estudiada.

La labor del docente de una lengua extranjera, y en el caso que nos ocupa del español en Portugal, es proporcionar al alumno los contenidos socioculturales de la cultura española o hispánica desde una perspectiva intercultural comparándolos con su cultura originaria: la portuguesa. No se trata de acumular conocimientos de la otra cultura se trata de adquirir competencia cultural comunicativa que Guillén (2002) define como «[...] la capacidad para construir interrelaciones a partir de la afirmación de los referentes propios como condición para construir sentido en la comunicación, la cual para ser efectiva- necesita de la apertura a la compresión de los otros» (p.848). Esta definición de competencia intercultural se adecúa a dos de los presupuestos contenidos en el MCER. En primer lugar porque sirve para hacer cosas en la otra lengua, para actuar, para comunicarse. Es un *saber hacer* en los comportamientos prácticos y en las relaciones con los otros, es decir, con los individuos de la otra lengua y cultura. Y en segundo lugar porque sirve para respetar la otra cultura sin perder la identidad propia. Es un *saber ser/saber estar* con los otros en los intercambios comunicativos.

El profesor se convierte en un mediador cultural que debe facilitar las herramientas necesarias para adquirir la competencia intercultural. En contra de lo que defiende Taft (apud Oliveras, 2000, p.39) no creemos que sea condición indispensable que el docente sea bicultural ni nativo de la lengua extranjera. Con ello descartamos el mito de que para enseñar español sea necesario ser nativo. Nos inclinamos por pensar que el profesor debe "estar en las dos culturas" pero no tiene porque "ser en las dos". Su ser, su propia identidad (como la de sus alumnos) ya está constituida, por ello debe "saber estar" como hablante en ambas culturas para actuar y comunicarse con eficacia y como educador, desde una posición de distancia y neutralidad, saber enseñar cómo "es estar entre". El profesor Gabriel Magalhães (2007) en su libro *Estar entre* resume la esencia de este ser mítico que cabe al profesor «O enigma do título explica-se fácilmente: desde a infância, viu o autor a sua vida repartida por Portugal e Espanha. Viveu entre os dois países, cresceu entre os dois países. Com os anos, tornou-se um centauro ibérico» (p.9).

Por último resta definir de qué herramientas teóricas dispone el docente de español para analizar e interpretar la otra cultura. Recomendamos como útiles teóricos para la exégesis de culturas y los métodos para el desarrollo de la competencia y el aprendizaje intercultural: el Enfoque de las destrezas sociales y Enfoque holístico recogidos ambos en el libro de Oliveras (2000) así como el DMIS (Modelo para el desarrollo de la sensibilidad Intercultural) de Milton Bennett (1986, 1993) recogido en Iglesias Casal (2003).

CONCLUSIONES

A nuestro entender un trabajo que pretenda analizar los elementos necesarios para la enseñanza de la competencia intercultural debería responder a las siguientes cuestiones:

- ¿Qué? Contenidos culturales del espectro más amplio posible y de todas las expresiones culturales del mundo hispánico y no solo de la cultura culta, teniendo en cuenta la cultura de los discentes.

- ¿Dónde? En todas las clases de español (no solo en las de cultura, también en de las de lengua ya que como hemos visto son indisociables y, a menudo, parejas).

- ¿Cuándo? En todos los niveles de aprendizaje y no solo en los niveles avanzados. Desde la primera clase a la última. La enseñanza de la cultura no viene asociada a un dominio elevado de la lengua, pues como para esta, hay niveles adecuados para cada fase del aprendizaje.

- ¿Por qué? Porque el fin postrero del aprendizaje de lenguas no es traducir, no es aprender gramática, no es pronunciar adecuadamente ni acumular conocimientos sino adquirir competencia comunicativa y para ello es necesario poseer competencia sociocultural en la lengua que se aprende desde una perspectiva intercultural.

- ¿Cómo? Mediante un proceso de aprendizaje intercultural que permite al alumno, buscar, descubrir, analizar, contrastar, reflexionar, interpretar y comprender la cultura del otro/s en relación a la suya propia.

En culturas tan próximas como la portuguesa y la española, parecidas pero no iguales, familiares, vecinas que se dan la espalda, caras de un espejo doble que refleja solo una parte; si no adoptamos una enseñanza intercultural corremos el riesgo de incrementar amores y odios con el peligro que conllevan los juicios tajantes y totalitarios. No se trata de asimilar a nadie, ni cantar las bondades y las maldades propias y ajenas, no se trata de tolerar, se trata de conocer, de respetar, de entender al otro.

BIBLIOGRAFÍA

Carabela 54 (2003). *La interculturalidad en la enseñanza de español como segunda lengua*. Madrid: SGEL.

Cerrolaza, O. (1996). La confluencia de las diversas culturas. Cómo conocerlas e integrarlas en clase. *Cuadernos del tiempo libre. Expolíngua. Didáctica del Español como lengua extranjera*, 19-32. Madrid: Fundación Actilibre.

Cortes, M. (2003). *Guía de usos y costumbres de España*. Madrid: Edelsa.

Cruz Piñol, M. (2003). La interculturalidad: recursos en internet para la elaboración de actividades. *Carabela, 54,* 141-147. Madrid: SGEL.

Estévez, M. & Fernández, Y. (2006). *El componente cultural en la clase de E/LE*. Madrid: Edelsa.

Estévez, M. (1994). La interculturalidad y el entorno en las clases de E/LE y Español como segunda lengua. *Cuadernos del tiempo libre. Expolíngua. Didáctica del Español como lengua extranjera*, 13-23. Madrid: Fundación Actilibre.

Fernández, S. (2001-02). *Programas de Espanhol*. Consultado el 20 de septiembre de 2007, en http://www.dgidc.minedu.pt/programs/programas.asp.

Fernández, S. (2003). *Propuesta curricular y Marco común europeo de referencia. Diseño por tareas*. Serie recursos. Español Lengua extranjera. Madrid: Edinumen.

Guillén C. (2004). Los contenidos culturales. In J. Sánchez Lobato & I. Alonso (Coord.), *Vademécum para la formación de profesores. Enseñar español como segunda lengua (L2)/lengua extranjera (LE)* (835-852). Madrid: SGEL.

Giovannini, A., Martín, E., Rodríguez, M. & Simón, T. (2000). *Profesor en acción 2*. Madrid: Edelsa.

Iglesias Casal, I. (2003). Construyendo la competencia intercultural: sobre creencias, conocimientos y destrezas. *Aulaintercultural. El portal de la educación intercultural*, 5-28. Consultado el 20 de septiembre de 2007, en http://www.aulaintercultural.org/article.php3?id_article=316.

Larrañaga Domínguez, A. (2003). Aproximación a una bibliografía sobre la interculturalidad en el aula de E/LE. *Carabela, 54,* 127-141. Madrid: SGEL.

Marco Común Europeo de Referencia para las lenguas (MCER). Versión en español. Consultado el 20 de septiembre de 2008 en http://cvc.cervantes.es/obref/marco/.

Oliveras, A. (2000). *Hacia la competencia intercultural en el aprendizaje*. Madrid: Edinumen.

Interculturalidad Portugués-Español

Bernardo Basilio, J. (2003). Portugal/Espanha. Que sabemos uns dos outros? *Boca bilingüe. N 15. Revista de Cultura en Español y en Portugués*. Lisboa: Consejería de Educación de la embajada de España en Portugal.

Borges, L. F. (2006). *Sou português......e agora?* Lisboa: Esfera dos livros.

De España, R. (1991). *Europa mon amour. Como despreciar a los europeos*. Madrid: Ediciones irreverentes.

De Miguel, A. (2002). *El espíritu de Sancho Panza. El carácter español a través de los refranes*. Madrid: Booket.

El Jueves. (2000). *Extra Ibérico*. 1206 (julio) Barcelona: Ediciones Eljueves.

El Jueves. (2007). *Extra Guiris*. 1572 (julio) Barcelona: Ediciones Eljueves.

García Regalado, J. C. (2005). *Portugal en Polaroid*. Barcelona: Ediciones Abraxas.

Horácio, M. (2007). *Como tourear os espanhóis e sair em ombros*. Lisboa: A esfera dos livros.

Magalhães, G. (2007). *Estar entre*. Salamanca: Celya.

Núñez Florencio, R. (2001). *Sol y sangre. La imagen de España en el mundo*. Madrid: Espasa-Calpe.

Pérez Reverte, A. (1999). *Patente de Corso*. Madrid: Booket.

Pérez Reverte, A. (2007). *No me cogeréis vivo*. Madrid: Booket.

Portugal, L. (2006). *O País a raios X. Estado crítico*. Lisboa: Roma editora.

RELIPES. (2007). *Relações linguísticas e literárias desde o início do século XIX até à actualidade*. Interreg III A. Universidade da Beira Interior (UBI). Covilhã: Celya.

RELIPES. (2007). III Congresso. RELIPES. *Relações linguísticas e literárias desde o início do século XIX até à actualidade*. Interreg III A. Universidade da Beira Interior (UBI).

EL APRENDIZAJE DEL ESPAÑOL COMO LENGUA EXTRANJERA DESDE UNA PERSPECTIVA AFECTIVA

Mercedes Rabadán Zurita
Universidade do Algarve (Portugal)

ABSTRACT

Recently, the importance of affective factors in language teaching has been highlighted. As a result, anxiety and self-concept appear as some of the factors influencing the process of foreign language learning. The aim of this study is to present a model of affective variables, which proposes anxiety, academic self-concept and motivation as predictors of learning Spanish as a foreign language (SFL). From a practical perspective, SFL teachers should implement strategies that allow a positive self-concepts, as well as techniques that reduce stress levels in the classroom.

Keywords: *motivation, self-concept, anxiety, Spanish as a foreign language, performance.*

RESUMEN

En los últimos años se ha destacado la importancia de los factores afectivos en la enseñanza de idiomas. En este sentido, la motivación, la ansiedad y el autoconcepto aparecen como algunos de los factores que más inciden en el proceso de aprendizaje de lenguas extranjeras. El objetivo de este estudio es presentar un modelo de variables afectivas que asume la ansiedad, el autoconcepto académico y la motivación como predictores del aprendizaje de Español como Lengua Extranjera (E/LE). Desde una perspectiva práctica, los docentes de E/LE deberían aplicar estrategias que permitan una autoimagen positiva de los alumnos, así como técnicas inhibidoras del estrés en el aula.

Palabras clave: *motivación, autoconcepto, ansiedad, E/LE, rendimiento.*

INTRODUCCIÓN

Uno de los atributos que identifica a la sociedad de hoy en día es la importancia que se da al conocimiento y al nivel de formación de sus ciudadanos[1]. Los diversos cambios experimentados por las sociedades actuales han planteado unas necesidades formativas que implican el desarrollo de competencias necesarias a lo largo de toda la vida con el fin de formar agentes sociales que se desenvuelvan profesionalmente e intelectualmente. La respuesta a estas nuevas necesidades formativas se centra en el desarrollo de programas e intervenciones basadas en el concepto de competencia. Por otra parte, entre las necesidades formativas planteadas desde las políticas lingüísticas, sociales y educativas aparece como uno de los retos en los últimos años el aprendizaje de idiomas. El dominio de las lenguas extranjeras se convierte en el instrumento que facilita la movilidad de los ciudadanos, promueve el intercambio científico y cultural y permite la inserción socio-laboral de los profesionales de cualquier ámbito.

---

[1] A fin de facilitar la lectura, se ha optado por el uso del masculino como género no marcado para designar tanto a mujeres como a hombres.

Esta concepción educativa conlleva un cambio de perspectiva en los actuales planteamientos, en la metodología y en la investigación sobre enseñanza de lenguas extranjeras, que ha consistido en colocar en el punto de mira los procesos de aprendizaje, y entre ellos, el papel del aprendiente. Se asume que el estudiante tiene un papel activo: el aprendiente es el encargado de construir su propio conocimiento (competencia declarativa), tiene que saber hacer (competencia procedimental), tiene que aprender a aprender (competencia metacognitiva) y tiene que saber ser (competencia existencial) en un ambiente afectivo y efectivo de aula (Fonseca & Aguaded, 2007).

De entre las áreas que más interés han despertado en el estudio y práctica del aprendizaje de lenguas extranjeras, los factores individuales han adquirido una gran relevancia por su influencia en el proceso de aprendizaje, así como los procedimientos que los buenos aprendientes de idiomas aplican al estudio y aprendizaje de un idioma.

Los factores individuales se agrupan en distintos ámbitos (Dörnyei & Ushioda, 2011; Gardner, 1985; Oxford, 2000): factores cognitivos, afectivos y de la personalidad. Todos estos elementos influyen en las estrategias del aprendiente en lenguas extranjeras. No hay que obviar que un análisis exhaustivo y comprehensivo de todos los factores que afectan a dicho proceso de enseñanza-aprendizaje es, sin duda, un proceso complejo, donde ni los propios investigadores llegan a un acuerdo sobre su categorización (Ellis, 1994). No obstante, todos coinciden al afirmar que la preocupación por estos factores encuentra su fundamento en las aportaciones de la psicología cognitiva, humanista y constructivista.

En este trabajo analizaremos tres variables afectivas especialmente importantes para los investigadores y profesores de español como LE: la motivación, la ansiedad y el autoconcepto. Existe un gran consenso en considerar la motivación como la variable que más influye en el éxito o fracaso de cualquier situación de aprendizaje, la ansiedad como el mayor obstáculo en el aprendizaje del español y el autoconcepto como la base segura sobre la que aprender un idioma. No obstante, pocos estudios se han llevado a cabo con el objetivo de analizar las relaciones entre estas tres variables. Tal y como señala Dörnyei (2003), son necesarias investigaciones sobre estos conceptos y sus relaciones, de forma que permitan fundamentar las estrategias en el aula de idiomas.

1. Marco teórico

1.1. La motivación en el aprendizaje de LE

La motivación es uno de los factores personales que más influyen en el aprendizaje de un idioma, desempeñando un papel fundamental en el éxito o fracaso de cualquier situación de aprendizaje. Desde la perspectiva de la investigación, la relevancia de la motivación se constata mediante la observación de los modelos teóricos explicativos del aprendizaje académico: en todos ellos se asume el papel de la motivación, con independencia del constructo utilizado para medirla.

El término motivación suele ser definido desde el campo de la Psicología como el conjunto de procesos que implican despertar, dirigir y mantener el comportamiento (la conducta), utilizándose para indicar, por ejemplo, por qué una persona trabaja en unas tareas y no en otras, o por qué persiste en esas tareas en lugar de hacer otras actividades (Madrid, 1999). En el ámbito del aprendizaje de una lengua extranjera, se define como el conjunto de razones que impulsan a una persona a aprender una nueva lengua (Martín-Peris, 2008). Williams & Burden (1999) la definen como «un estado de activación cognitiva y emocional, que produce una decisión consciente de actuar y que da lugar a un periodo de esfuerzo intelectual y/o físico sostenido, con el fin de lograr una meta o metas previamente establecidas» (p.128).

Se considera que el alumno está motivado si quiere hacer y hace lo que cree que debería hacer. Y estará desmotivado si no hace lo que cree que debería (González-Fernández, 2005) ya que, como apuntan Williams & Burden (1999), lo más sensato es pensar que el aprendizaje ocurre si se quiere aprender. Por su parte, Printich, Schunk, Luque & Martínez (2006) opinan que la motivación es un factor importante que influye en todos los aspectos del proceso de enseñanza-aprendizaje. En consecuencia, la enseñanza de una lengua extranjera será positiva si en el aula hay alumnos motivados, que muestran interés en las actividades, sienten una autoeficacia elevada, se esfuerzan por tener éxito en el aprendizaje, persisten en las actividades y normalmente utilizan estrategias eficaces de aprendizaje (Printich et al., 2006). En la misma línea, Dörnyei (2008) plantea que aquellos estudiantes que verdaderamente desean aprender una lengua extranjera, es decir, que están suficientemente motivados, serán capaces, como mínimo, de lograr un dominio aceptable de la misma a efectos prácticos, independientemente de su habilidad para los idiomas.

En síntesis y en el caso específico del aprendizaje de lenguas extranjeras, el valor de la motivación no solo reside en su capacidad para potenciar los mecanismos cognitivos, sino que también ayuda a desarrollar la competencia comunicativa.

Aunque se pueda pensar que el estudio de la motivación en LE es relativamente nuevo, desde hace más de cinco décadas se empezó a investigar sobre el concepto de motivación y su influencia en el proceso de enseñanza-aprendizaje de LE. Dörnyei (2003) habla de tres periodos fundamentales en el estudio de la motivación en el aprendizaje de lenguas extranjeras: 1) periodo socioeducativo, caracterizado sobre todo por las investigaciones de Gardner, 2) periodo de influencia cognitiva, fundamentado en trabajos basados en las teorías cognitivas de la psicología educacional y 3) periodo actual o motivación como proceso, donde los estudios se centran sobre todo en los cambios motivacionales experimentados por el alumnado de LE a lo largo del tiempo.

En este trabajo se presentará solamente el primer periodo por ser el que mayor repercusión ha tenido en el campo de la enseñanza de lenguas extranjeras.

1.1.1. El Modelo Psicosocial de Gardner

El modelo más influyente en el campo de la enseñanza de idiomas es el modelo socioeducativo de Gardner & Lambert (1972), posteriormente desarrollado y mejorado por Gardner (1985). Este modelo reconoce la existencia de un tipo de motivación específica para el aprendizaje de idiomas. Uno de sus principios tiene que ver con las actitudes hacia la comunidad de la LE, que pueden influir positiva o negativamente en el aprendizaje de la lengua. Para este autor, el éxito en el aprendizaje puede atribuirse al deseo de identificarse con los miembros de la comunidad lingüística.

Este modelo distingue entre la orientación integradora y la instrumental. Un alumno está motivado de forma integradora cuando manifiesta una predisposición positiva hacia el grupo de la LE, es decir, cuando desea aprender un idioma con el objeto de relacionarse con su comunidad de hablantes. La orientación instrumental describe un grupo de factores relativos a la motivación que proviene de metas externas que pueden conseguirse si se domina la LE, tales como la superación de exámenes, la obtención de recompensas económicas o la consecución de un ascenso.

El aspecto más investigado en la teoría de Gardner (1985, 2000) no es la dualidad integrador-instrumental, sino el concepto más amplio del "motivo integrador" (Figura 1). Dicho concepto está constituido por tres elementos: a) integratividad (orientación integradora, interés en las lenguas extranjeras y actitudes hacia la comunidad de la LE), b) actitudes hacia la situación de aprendizaje (actitudes hacia el profesor y la asignatura) y c) motivación (intensidad motivacional, deseo de aprender la lengua y actitudes hacia el aprendizaje de la misma). Es decir, la motivación se define como una combinación del esfuerzo y del deseo de conseguir el objetivo de aprender el idioma y de las actitudes favorables hacia el aprendizaje de dicho idioma. Factores como la situación y la capacidad integradora pueden influir, positiva o negativamente, en estos atributos.

¿Cuál sería la relación entre la orientación integradora y la motivación instrumental? Ellis (1994) explica que la orientación instrumental sería uno de los factores que contribuyen a la motivación integradora, quedando la orientación integradora definida por las actitudes hacia el grupo de la LE, el interés por las lenguas extranjeras, la orientación instrumental, las actitudes hacia la situación de aprendizaje, el deseo de aprender la LE y las actitudes hacia el aprendizaje de la LE (Gardner & MacIntyre, 1993). Esta conceptualización de la motivación tomó forma en la escala AMTB (*Attitude Motivation Test Battery*), constituida por una serie de cuestionarios de autoinforme sobre los diferentes elementos del modelo. La motivación se mide en la AMTB como el deseo de aprender un idioma (p.ej., *me encantaría aprender el máximo de español posible*), la intensidad motivacional (p.ej., *me esfuerzo mucho para aprender español*) las actitudes hacia el aprendizaje (p.ej., me *gusta mucho aprender español*) y la orientación instrumental (p.ej., *estudiar español es importante para mí porque pienso que un día podrá ser útil para conseguir un buen empleo*). En cada escala los participantes tienen que evaluar el contenido de cada ítem a través de una escala Likert de 1: totalmente en desacuerdo a 5: totalmente de acuerdo.

Figura 1: Modelo socioeducativo de Gardner (1985).

Altos niveles de motivación integradora se relacionarían con altos niveles de adquisición y competencia en la LE. Desde el modelo socioeducativo, la motivación integradora es indispensable para mantener el esfuerzo que requiere dominar la LE (Gardner & Lambert, 1972). Sin embargo, autores como Williams & Burden (1999) han cuestionado este punto de vista. Mientras que la motivación integradora resulta quizás más importante en un contexto de lenguas segundas o extranjeras, como por ejemplo aprender francés en Canadá o español en Portugal, la orientación instrumental puede ser importante en situaciones de aprendizaje del inglés con estudiantes japoneses o egipcios, por ejemplo. En el estudio de Rabadán (2013), aunque los participantes consideraron que el español era útil en el ámbito profesional, no creyeron que saber el idioma fuera importante para mejorar ciertos aspectos extrínsecos. Ello puede deberse a la importancia que le da el aprendiente portugués al estudio del español y a la distancia entre ambas lenguas. Algunos estudios (Belmechri & Hummel, 1998; Svanes, 1987) han observado que se registran valores diferentes en la orientación instrumental según sea el contexto cultural del aprendiente. Los europeos y los americanos tienen una orientación más integradora, mientras que los aprendientes asiáticos y africanos puntúan más en la orientación instrumental. Seguramente a un estudiante egipcio o iraní le urge más llegar a dominar el inglés que a un portugués la lengua española. Las percepciones de interés y utilidad influyen en la orientación motivacional. En este sentido, si midiéramos la motivación en estudiantes egipcios hacia el español como lengua extranjera, la orientación instrumental probablemente sería significativa.

1.1.2. Motivación y rendimiento en LE

La motivación afecta directamente al rendimiento académico de los estudiantes, hecho constatado en las observaciones de profesores e investigadores en relación a la existencia de mejores notas y desempeño en los alumnos más motivados (Printich et al., 2006).

Son numerosos los estudios que han analizado las relaciones entre motivación y el rendimiento en el aprendizaje de una lengua extranjera, siguiendo los diferentes modelos y marcos teóricos. En general, se asume que existe relación entre la motivación y el rendimiento en LE y que se trata de una relación positiva: los alumnos más motivados obtienen mejores resultados que los menos motivados. No obstante, no existe consenso en considerar las relaciones causales entre motivación y rendimiento, dado el escaso número de investigaciones de carácter experimental realizados hasta el momento (Dörnyei & Ushioda, 2011).

La investigación empírica empieza prácticamente con los estudios de Gardner & Lambert (1959), con una muestra de estudiantes anglófonos que estudiaban francés como L2 en Canadá. Estos autores fueron los primeros en encontrar relaciones significativas positivas entre motivación y rendimiento por un lado, y actitud hacia la LE y rendimiento por otro. Además, observaron que la orientación o actitud del alumno para el estudio del francés se asociaba con la motivación para el estudio, las actitudes hacia los franceses canadienses y la aptitud en el aprendizaje de la lengua.

Estos resultados dieron soporte empírico sobre el que Gardner (1985) construyó su modelo socioeducativo de motivación en el aprendizaje de LE. Este modelo ha sido confirmado en varios estudios (Bernaus & Gardner, 2008; Grotjan, 2004; Marcos-LLinàs & Garau, 2009; Minera, 2010). Grotjan (2004) verificó que mayores niveles de motivación se asociaron a niveles bajos de ansiedad, a una mejor actitud hacia la LE y mejores resultados en el rendimiento en la lengua. Bernaus & Gardner (2008) analizaron las relaciones entre las actitudes, la motivación, la ansiedad y la orientación instrumental. Los resultados mostraron que las actitudes hacia la situación de aprendizaje y la ansiedad idiomática fueron predictores negativos del desempeño. Marcos-LLinàs & Garau (2009) examinaron las relaciones entre las actitudes de los aprendices hacia la clase de E/LE, su intensidad motivacional, el deseo de aprender español, la ansiedad y el grado de extroversión/introversión. Los resultados indicaron que cuanto más positiva era la actitud del aprendiente, mayor motivación mostraban y menor era el nivel de ansiedad.

1.2. Ansiedad

La ansiedad es un estado emocional que ha formado parte de la vida de todas las personas en algún momento determinado, llegando a ser una de las temáticas más investigadas en Psicología, Educación y Antropología. Si bien frecuentemente se ha considerado un problema de la conducta o de la personalidad, en la actualidad también se asume su carácter temporal, es decir, puede aparecer en momentos específicos en la vida de las personas (González-Martínez, 1993). En el campo de la enseñanza de lenguas, muchos especialistas son conscientes de que el aprendizaje de una lengua extranjera puede ser una experiencia desagradable por los índices de ansiedad y nervios que genera en el alumnado (Horwitz, Horwitz & Cope, 1986; MacIntyre & Gardner, 1991). Arnold & Douglas (2000) la consideran el factor afectivo que obstaculiza con mayor fuerza el proceso de aprendizaje.

Resulta difícil establecer un concepto único de ansiedad debido a la complejidad del tema y la confusión conceptual y terminológica existente entre ansiedad y otros conceptos emocionales cercanos (angustia, miedo, pánico, temor, tensión, etc.) (Rojas, 2004; Rubio, 2004). En general, la ansiedad es considerada como un fenómeno complejo que tiene efectos en lo fisiológico, lo psicológico y lo emocional. Desde la Psicología actual, se define como un modelo complejo y variable de conductas, en el que quedan incluidas tanto respuestas objetivas, motoras y fisiológicas como estados emotivos y subjetivos de preocupación y temor (González-Martínez, 1993). Por su parte, Miguel-Tobal (1996) la entiende como «una reacción emocional ante la percepción de un peligro o amenaza, que se manifiesta mediante un conjunto de respuestas agrupadas en tres sistemas – cognitivo, fisiológico y motor – que pueden actuar con cierta independencia» (p.13).

La ansiedad en la clase de idiomas hace referencia al temor o la aprensión que aparece cuando un alumno tiene que realizar una actuación en una LE (Gardner & MacIntyre, 1993). En un esfuerzo integrador, Rubio (2004) define la ansiedad como un «estado emocional subjetivo que surge ante el estímulo incierto preconcebido como una amenaza y que genera en el individuo una alteración, que puede ser de índole fisiológico, psicológico, cognitivo, conductual y asertivo» (p.34). Por su parte, Horwitz et al. (1986) destacan el componente de activación de la ansiedad, definiéndola como «a subjective feeling of tension, apprehension, nervousness, and worry associated with an arousal on the autonomous nervous system» (p.125). Estos autores identifican el sentimiento de tensión que se asocia a los contextos específicos de LE/L2 cuando el alumno tiene que expresarse en ese idioma y cree que va a ser socialmente evaluado. Dicha ansiedad es igualmente experimentada durante los exámenes. Finalmente, Arnold (2000) explica que la ansiedad es considerada como un factor afectivo que dificulta en gran medida el aprendizaje, encontrándose asociada a sentimientos negativos tales como el desasosiego, la frustración, la inseguridad o el miedo.

En cuanto a las fuentes de ansiedad, las circunstancias que originan la ansiedad en el aprendizaje de una lengua extranjera son considerables. Rubio (2004) indica que para conocer las fuentes de ansiedad de los estudiantes es necesario "tomar una foto" de la situación, con objeto de prestar atención a todos los factores que intervienen en esa situación y que no pueden estar presentes en otra. En este sentido, Tsui (1996) distingue seis factores que producen ansiedad: un bajo nivel de conocimiento y uso de la lengua, miedo a cometer errores, falta de confianza del alumno para hablar en clase, actitud intolerante del profesor ante el silencio de los alumnos, preguntas vagas y difíciles de entender por parte del docente y desigual participación de los alumnos.

Horwitz et al. (1986) señalan que la ansiedad nace de la aprensión comunicativa, el miedo a la evaluación negativa por parte de otros y por la ansiedad ante las pruebas y actividades en el aula de idiomas. Por su parte Young (1990) considera seis fuentes de ansiedad: los factores personales e interpersonales, las expectativas del alumnado sobre el aprendizaje de la lengua, las expectativas del docente sobre el aprendizaje, las interacciones entre docente-alumnado, la metodología utilizada y las pruebas de evaluación. Rubio (2004) sintetiza las aportaciones anteriores y las agrupa en seis categorías: bajo nivel de conocimientos y de uso de la LE, actuación incorrecta del docente, evaluación, novedad, historia previa del alumnado y factores personales e interpersonales del alumnado.

1.2.1. Ansiedad y rendimiento

La influencia de la ansiedad en el contexto académico de las lenguas extranjeras ha sido objeto de innumerables investigaciones desde diferentes perspectivas (Horwitz, 2010). En general, se asume que mayor ansiedad acarrea menor rendimiento; sin embargo, pocos estudios de corte experimental han sido realizados que corroboren esta tesis. La mayoría de los estudios realizados son de corte correlacional y no permiten establecer causa-efecto entre ansiedad y rendimiento.

Una de las escalas de evaluación más utilizada para evaluar el aprendizaje de una lengua extranjera es la Escala FLCAS (*Foreign Language Classroom Anxiety Scale*) (Horwitz et al., 1986). Esta escala consta de treinta y tres ítems con enunciados positivos (p.ej., *me preocupan las consecuencias de suspender la asignatura de español*) y negativos (p.ej., *no me preocupa cometer errores en la clase de español*). Los participantes indican su grado de acuerdo con el ítem a través de una escala tipo Likert de 1 (totalmente en desacuerdo) a 5 (totalmente de acuerdo). A mayor puntuación en la escala, mayor nivel de ansiedad asociada al aprendizaje del español como lengua extranjera. Los ítems hacen referencia a aspectos relativos a la ansiedad asociada al hablar, a la ansiedad por falta de comprensión, ansiedad por sentirse menos competente que los demás, ansiedad por tener miedo a ser corregido y ansiedad específica al aprendizaje del español.

El uso de las calificaciones finales en las asignaturas de idiomas como medida del desempeño en lenguas extranjeras es una variable frecuentemente utilizada por los investigadores de la ansiedad idiomática. Chastain (1975) llevó a cabo uno de los primeros estudios sobre el papel de las variables afectivas y su influencia sobre el aprendizaje. Los resultados fueron diferentes según el idioma analizado. En algunos casos la ansiedad influía negativamente pero en otros parecía favorecer la nota. Larsen-Freeman (1983) señala que los resultados de Chastain se explican mejor recurriendo a los conceptos de ansiedad facilitadora y debilitadora propuestos por Alpert & Haber (1960). Por su parte, Aida (1984) replicó el estudio de la escala FLCAS de Horwitz et al. (1986) con estudiantes de japonés como LE. Análisis factoriales descubrieron una estructura de la ansiedad basada en cuatro dimensiones: ansiedad al hablar y miedo a ser corregido, miedo al error, seguridad al hablar la lengua y actitudes negativas frente al aula. Esta autora utilizó las calificaciones finales de curso como medida de rendimiento en LE. Se obtuvieron relaciones negativas y significativas entre la ansiedad y la nota final. Diversos estudios (Ganschow et al., 1994; Saito, Horwitz & Garza, 1999) obtuvieron los mismos resultados utilizando la nota final.

En el estudio de Scovel (1978), considerado como uno de los trabajos clave en ansiedad y LE, se concluyó que muchos de los resultados inconsistentes de estudios anteriores se debían a la imprecisión de los conceptos utilizados y a la falta de validez de las medidas de ansiedad.

Steinberg & Horwitz (1986), con estudiantes de español como LE, concluyeron que los estudiantes pueden inhibirse cuando comunican en E/LE si perciben la situación como amenazante. En esta línea, el estudio de Young (1990), también con estudiantes universitarios de español como LE, observó que las actividades en pequeño grupo generaban menor ansiedad que las tareas de expresión oral en clase. Factores relativos al docente (apoyo, confianza) se asociaban con una menor ansiedad expresada por el alumnado. Por su parte, Koch & Terrell (1991) examinaron la influencia del Enfoque Natural en el aprendizaje de idiomas sobre la ansiedad. Constataron que algunas actividades, tales como el trabajo en pareja, provocaban poca ansiedad en los alumnos, si bien se produjo una gran variabilidad interpersonal en las respuestas afectivas. Price (1991), tras entrevistar a diez alumnos calificados como ansiosos, expresó que las experiencias pasadas de aprendizaje, especialmente las interacciones negativas con el docente, explicaban gran parte de la ansiedad experimentada. Finalmente, Onwuegbuzie, Bailey & Daley (2000), con el objetivo de analizar los predictores del rendimiento en el aprendizaje de LE, encontraron que la ansiedad fue la variable que mayor correlación mostró con el rendimiento.

1.3. Autoconcepto

El autoconcepto también ha sido estudiado desde diferentes ámbitos del saber científico, tales como la Filosofía y la Psicología, en sus vertientes clínica, social y de la educación. Todas estas perspectivas asumen la importancia de este constructo en la descripción del ser humano y al papel relevante que desempeña dicho constructo en el comportamiento de las personas (Gual et al., 2002). Este ecléctico abordaje ha tenido como consecuencia una gran imprecisión conceptual sobre el autoconcepto, unido a la proliferación de diversas definiciones, cada una de ellas ancladas en diferentes disciplinas y teorías. Junto a ello, ha surgido una multitud de términos para referirse a dicha realidad: autoconsciencia, autopercepción, autoimagen, autoeficacia, representación de sí mismo, etc. Respecto a los términos autoconcepto y autoestima, ha habido una notable tendencia a utilizarlos indistintamente, refiriéndose al conjunto de rasgos, imágenes y sentimientos que el sujeto reconoce como formando parte de sí mismo (González & Tourón, 1992). Sin embargo, la mayoría de los autores diferencian ambos conceptos y abogan por restringir el término autoconcepto a los aspectos cognitivos o descriptivos de sí mismo y utilizar el término autoestima para los aspectos evaluativos o afectivos (González-Pienda & Núñez, 1997). En líneas generales, se acepta que el autoconcepto engloba ambos términos.

Epstein (1973) señala algunas de las características de esta variable: conjunto de conceptos jerárquicamente organizados, realidad compleja compuesta por diversos autoconceptos como el físico o el emocional, realidad dinámica que cambia con la experiencia o un elemento idiosincrásico desarrollado en función de las experiencias sociales, especialmente con las personas significativas. Para Shavelson, Hubne & Stanton (1976) el autoconcepto no es más que las percepciones que una persona mantiene entre sí misma formadas a través de la interpretación de la propia experiencia y del ambiente, siendo influenciadas, de manera especial, por los refuerzos y la retroalimentación de los otros significativos, así como los propios mecanismos cognitivos tales como las atribuciones causales. Por otro lado, González & Touron (1992) definen el autoconcepto como «una organización de actitudes que el individuo tiene hacia sí mismo, puesto que es una organización cognitivo-afectiva que influye en la conducta» (p.103). De este modo, los tres componentes de la actitud (cognitivo o cognoscitivo, evaluativo o afectivo, comportamental o conativo) pueden ser distinguidos del dominio del autoconcepto.

1.3.1. Los componentes del autoconcepto

Elemento cognitivo. Este componente del autoconcepto, también denominado autoimagen o autorretrato, hace referencia a la representación o percepción mental que la persona tiene de sí misma. Las formas en que una persona puede describirse a sí misma son infinitas, ya que cada una posee percepciones innumerables referidas a diferentes dominios específicos: académico, social, físico, emocional... a la par que una imagen más global. Dentro del elemento cognitivo del autoconcepto, autores como Rosenberg (1979) diferencian varios dominios: a) el *extant self* (cómo el individuo se ve a sí mismo), b) el *desired self* (cómo le gustaría verse), y c) el *presenting self* (cómo se muestra a los demás).

Elemento afectivo. Toda descripción de sí mismo está cargada de connotaciones evaluativas, afectivas y emotivas, por lo que existe un consenso general en considerar la autoestima como un aspecto o dimensión del autoconcepto y como un modo de orientación hacia el sí mismo (González-Pienda & Núñez, 1997). La autoestima se refiere al valor que el individuo atribuye a su particular descripción de sí mismo. Rosenberg (1979) la define como la actitud positiva o negativa hacia un objeto en particular: el sí mismo.

Este componente del autoconcepto, por el significado motivacional que tiene, ha sido objeto de estudio preferente en la investigación (Gecas, 1982), siendo por ello que en general y hasta recientemente el autoconcepto haya sido tratado como una variable afectiva (González & Tourón, 1992).

Elemento conativo. Toda la literatura sobre el autoconcepto ha destacado que este influye en el comportamiento. Así, las personas que se ven positivamente se comportan de modo diferente a aquellas que se ven de manera negativa, interpretando la realidad de un modo diferente. Igualmente, aparecen diferencias entre las personas con alta y baja autoestima. Las personas con alta autoestima, que tienen seguridad, confianza en sí mismas y sentimientos de competencia, son más efectivas socialmente, muestran mayor motivación en el rendimiento, son más competitivas, manifiestan menor ansiedad frente a las situaciones de estrés, persisten y se esfuerzan más frente a las dificultades, son menos vulnerables a la influencia de los otros, tienden a atribuir sus éxitos a sí mismas y sus fracasos a la falta de esfuerzo, se protegen más de la información negativa y suelen tener mayor control sobre las situaciones (González & Tourón, 1992).

Si bien los tres elementos son importantes para la comprensión del papel del autoconcepto en el aprendizaje del español como lengua extranjera, consideramos que tanto el elemento afectivo como el conativo deben ser especialmente tenidos en cuenta en las diferentes actividades de clase, especialmente las comunicativas. Las tareas que se presenten en clase deben respetar la autoestima de los estudiantes, permitiendo la expresión de ideas, sentimientos y emociones que ayuden al continuo desarrollo positivo del autoconcepto.

1.3.2. Autoconcepto académico

La importancia que se ha dado al autoconcepto en la investigación educativa es enorme, como lo prueba la cantidad de estudios realizados en las últimas décadas tanto en el contexto anglosajón como en el contexto español (González-Pienda & Núñez, 1997; González & Tourón, 1992; Moreano, 2005). No es de extrañar que se considere el autoconcepto como un factor de personalidad del estudiante de vital importancia en el proceso de aprendizaje: a) el desarrollo de autoconceptos en los estudiantes es una meta importante dentro de los dominios del currículo afectivo, que debe contemplarse en la planificación del currículo, b) es una variable interveniente o moderadora del aprendizaje que puede ayudar a explicar la conducta escolar de los estudiantes y sus resultados académicos y c) es un producto del proceso de aprendizaje, en cuanto que resulta afectado, en mayor o menor medida, por todas las variables implicadas en el proceso educativo (ambiente de clase, tipo de instrucción, expectativas de los docentes, comparaciones con los iguales, etc.).

Se define el autoconcepto académico como la percepción del alumnado sobre su propia capacidad para llevar a cabo determinadas actividades y tareas escolares (González-Fernández, 2005). Otros autores lo han definido como la evaluación que un individuo hace con respecto a su capacidad para rendir en tareas académicas, comparándolas con la de otros en su misma clase o la concepción que tiene de su capacidad para aprender o para rendir en una tarea académica determinada (Brookover & Passalacqua, 1981).

Una de las consecuencias de la investigación sobre el autoconcepto académico ha sido la asunción de un claro paralelismo entre el rendimiento académico y la autopercepción de un determinado campo (Byrne, 1996). Ahora bien, a pesar de ello no siempre se está de acuerdo en la naturaleza de la relación ni tampoco se logra definirla claramente. Los resultados de la investigación sobre la relación entre autoconcepto y rendimiento académico no aportan una conclusión clara sobre la naturaleza exacta del vínculo entre ambas variables. Esta dificultad en clarificar la influencia del autoconcepto se debe precisamente a que la conducta puede estar explicada por otros muchos factores aparte del propio autoconcepto y a las características heterogéneas (muestras, instrumentos utilizados) de las investigaciones realizadas (González-Fernández, 2005).

En relación con los estudios sobre autoconcepto académico y rendimiento, una de las conclusiones a las que se llegó a partir del análisis de las investigaciones anteriores fue la necesidad de perfeccionar los instrumentos de medida centrados en los aspectos específicos académicos del autoconcepto junto con la limitación de medidas de autoconcepto general. El modelo de Shavelson et al. (1976) permitió en cierto sentido el desarrollo de estudios en esta dirección, ya que facilitó la diferenciación entre el autoconcepto general y académico y sus relaciones con el rendimiento.

1.3.3. Autoconcepto académico y enseñanza de lenguas extranjeras

Dentro de los aspectos relativos a la identidad (*self*), el autoconcepto (*self-concept*) es uno de los elementos que explican los procesos de aprendizaje en cualquier contexto de aprendizaje. Se define como la autopercepción que una persona tiene de sí mismo en un contexto concreto y tiene una importancia fundamental en el campo específico de aprendizaje de idiomas. Algunos especialistas

(Ávila, 2007; Dörnyei, 2001; Evans, 2001; Mercer, 2011; Ortega, 2007) indican que dentro de la gran variedad de variables que afecta al proceso de aprendizaje de LE uno de los aspectos más importantes tiene que ver con el autoconcepto. En la misma línea, Mercer (2011) considera que el autoconcepto permite conectar aspectos del aprendizaje de L2 relativos al aprendiz tales como las estrategias de aprendizaje, la ansiedad o la motivación. No obstante, cabe destacar que el autoconcepto y la autoestima han recibido menos atención por parte de los investigadores en comparación con los constructos de la ansiedad o la motivación (Rubio, 2013).

La mayoría de los estudios se han centrado en la relación entre la competencia verbal y el autoconcepto en el contexto de L1 (Schunk, 2003), habiéndose relacionado muy pocos en el contexto de L2. El estudio de Yeung & Wong (2004) examinó el autoconcepto específico relativo a la competencia verbal en estudiantes de primaria y secundaria de Hong Kong con inglés y chino como L2. Estos autores observaron que un único autoconcepto de competencia verbal no daba cuenta de la diversidad multilingüe de los estudiantes, proponiendo en su lugar la idoneidad de considerar diferentes autoconceptos para cada lengua extranjera. Según Mercer (2011), ello justificaría la necesidad de evaluar específicamente el autoconcepto de los estudiantes en cada lengua extranjera en particular.

La atención a las percepciones que las personas tienen de sí mismas y de su competencia académica es crucial en el desarrollo de un modelo comprensivo de la práctica educativa en LE si se quiere que los alumnos, desde una perspectiva constructivista, se impliquen activamente en su proceso de aprendizaje (Nuñez & González-Pienda, 1984).

1.3.4. Autoconcepto académico, motivación y rendimiento

Se considera que el autoconcepto es uno de los elementos que más influyen en los principales modelos de motivación. Autores como González-Pienda & Nuñez (1997) expresan que el autoconcepto es una de las variables más importantes dentro del ámbito motivacional, ya que incide de manera importante en contextos educativos y académicos (p.ej., sobre la activación de las diversas estrategias cognitivas). Las investigaciones sobre el autoconcepto y motivación, y sobre las características de los individuos que autorregulan eficazmente el aprendizaje confirman la idea de que cada persona actúa y rinde no como lo que es, sino como lo que cree que es (Nuñez & González-Pienda, 1994). La mayoría de las investigaciones que han estudiado la relación entre el rendimiento y el autoconcepto han encontrado una relación significativa entre ambas variables y, en general, de tipo recíproco: el autoconcepto se relaciona negativamente con el bajo rendimiento académico (García, Musitu & Veiga, 2006; Nuñez et al., 1998).

En el ámbito de las lenguas extranjeras, el papel del autoconcepto y la identidad se ha convertido en el foco de muchas investigaciones (Dörnyei & Ushioda, 2009; Mercer, 2011). Por ejemplo, Gardner (1985) plantea que la motivación está relacionada con aspectos de autoconcepto, de competencia y de capacidad para aprender ese idioma. En esta línea, la importancia del autoconcepto en relación con la motivación viene reflejada también en el modelo de Dörnyei (1994), donde dentro de su modelo general, el autoconcepto es uno de los aspectos fundamentales no solo para iniciar el proceso, sino para mantener esa motivación a lo largo de todo el proceso de aprendizaje. En el nivel del alumno, Dörnyei (1994) considera la necesidad de logro, la competencia percibida en L2, las atribuciones causales o la autoeficacia, conceptos relacionados con el autoconcepto.

Otros modelos como el de Reasoner (1982) y el de Littlejohn (2001) plantean que los posibles cortocircuitos en la motivación pueden venir influenciados precisamente porque el autoconcepto de los alumnos es malo, en el sentido de que sienten que no son capaces de aprender con lo cual dejarían de dedicarle esfuerzo y se interesarían menos en el aprendizaje de un idioma. En cierto sentido, se asume que tanto el autoconcepto y la motivación deben interrelacionar positivamente para conseguir un mayor éxito (Ávila, 2007).

1.3.5. Autoconcepto académico, ansiedad y rendimiento

Diversos estudios (Ávila, 2007; Bailey, 1983; Bernaus & Gardner, 2008; Gardner & MacIntyre, 1993; Horwitz, 1986; MacIntyre & Gardner 1991; Onwegbuzie, Bailey & Daley, 1999) observaron que los alumnos más ansiosos mostraron un peor autoconcepto que los alumnos con baja ansiedad. Asimismo, obtuvieron peores resultados.

Ávila (2007) señala que cuando se trata del autoconcepto en el contexto de aprendizaje de lenguas extranjeras, el alumno trata de manejar dos sistemas inestables: su propia autoestima, que depende en gran medida del entorno social, y el proceso de aprendizaje de la propia lengua extranjera. Por su parte, Bailey (1983), a través del análisis cualitativo de los diarios de once alumnos, observó que las comparaciones negativas de los alumnos en relación a los otros se asociaban a mayores niveles de ansiedad. Por otro lado, la percepción de competencia (autoeficacia) se relacionó con un mejor desempeño y una mayor capacidad para "competir" con los otros. La ansiedad se asoció a los exámenes, las relaciones interpersonales y los profesores, y con la necesidad de aprobación del docente. En el estudio de MacIntyre & Gardner (1991), se observó que los alumnos más ansiosos mostraron un peor autoconcepto que los alumnos con baja ansiedad. Los primeros manifestaron poseer menor capacidad y competencia en el idioma que estaban aprendiendo. Posteriormente, Gardner & MacIntyre (1993) observaron que la ansiedad se relacionó con mayor intensidad con las percepciones de competencias que con los resultados obtenidos. La situación amenazadora afectaría a la autoimagen de los alumnos, generándoles mayor estrés y dificultad en el aprendizaje.

Onwegbuzie et al. (1999) identificaron una serie de características asociadas a una ansiedad elevada: la edad, una alta necesidad de logro, unas bajas expectativas de éxito, un bajo autoconcepto académico y niveles bajos de autoeficacia. Por su parte, Bernaus & Gardner (2008), observaron correlaciones negativas y significativas entre motivación, medida a través del cuestionario AMTB, y ansiedad tanto a nivel individual como de aula.

Se puede considerar que si la persona se basa en su autoconcepto como fuente de creencias de competencia, es decir, capacidad de aprender, y este autoconcepto no es positivo, ello provocará que el rendimiento en ese contexto sea negativo, lo que va a retroalimentar la idea de que es malo para los idiomas. En este sentido, un buen autoconcepto ayudaría a afrontar las situaciones de aprendizaje estresantes. Igualmente, ya ha habido estudios que identifican que una de las fuentes de ansiedad es precisamente un bajo autoconcepto. Rubio (2004) señala que dentro del dominio psicológico del aprendizaje de idiomas el autoconcepto tiene mayor impacto en la ansiedad que otras variables. Otros estudios que encuentran estas relaciones son el de Richmond & McCroskey (1989) que encontraron que a menor autoconcepto mayores puntuaciones en ansiedad comunicativa. Igualmente, el propio modelo de Horwitz (1986) sobre ansiedad reconoce que dentro de los factores que afectan a la aprensión comunicativa niveles bajos en autoconcepto en los estudiantes tienen mayor probabilidad de generar ansiedad idiomática. Wozniewicz (1995) señala que bajos niveles de autoestima llevan al aprendiz a tener miedo a comunicarse en la lengua que está aprendiendo y que aspectos como ese miedo a comunicarse, en cuya base está el autoconcepto, son elementos más importantes a la hora de adquirir un idioma que esa posible incapacidad o falta de competencia en el alumno. En definitiva, se asume que niveles bajos de autoestima se relacionan con la aprensión comunicativa, que es uno de los aspectos fundamentales que incide en la ansiedad idiomática. No obstante, hay otras perspectivas de la ansiedad que asumen que se requiere cierto nivel de ansiedad facilitadora para que se produzca el aprendizaje, tal como manifiesta Oxford (1990). En este sentido, se hablaría de la U invertida, que indica que cierto nivel de activación será necesario para el aprendizaje. Más que eliminar la ansiedad sería conveniente que los alumnos tuvieran un determinado nivel de autoconcepto para que fueran capaces de manifestar cierto nivel de activación que les ayudase en el aprendizaje.

La ansiedad y el autoncepto en el idioma también aparecen relacionados con la motivación y con las actitudes dentro del sistema socioeducativo. Pudjiati (1996) indica que la ansiedad es uno de los elementos que más afecta a la actitud frente al idioma, pero esta relación es modulada precisamente por el autoconcepto. Como indica Pudjiati (1996), estos elementos están interrelacionados entre sí y favorecerían u obstaculizarían el aprendizaje de idiomas. Igualmente, Seyhan (2001) en un estudio con estudiantes americanos de alemán y japonés encontró correlaciones entre el autoconcepto, la ansiedad y la motivación de los alumnos, siendo el autoconcepto el predictor de la intención de comunicar en lengua extranjera por parte de los alumnos, es decir, que sería el elemento que favorece que los alumnos participen e intervengan en las clases de idiomas. Esto indicaría que los aprendices con altos niveles de autoconcepto y posiblemente de autoeficacia son capaces de controlar mejor su ansiedad en el contexto de idiomas.

En cierto sentido, el autoconcepto y la autoeficacia asociada, es decir, la capacidad de afrontar con éxito la situación, permitirían a los alumnos controlar mejor el aprendizaje.

2. Una propuesta de modelo: la perspectiva afectiva en el aprendizaje del español como lengua extranjera

A partir de la revisión teórica de los conceptos analizados anteriormente y dada la importancia de los aspectos afectivos en el aprendizaje del español como lengua extranjera, planteamos un modelo de estudio que incluye la motivación, la ansiedad, el autoconcepto académico y sus relaciones con el desempeño académico. La Figura 2 muestra las relaciones entre estas variables y su influencia sobre el rendimiento.

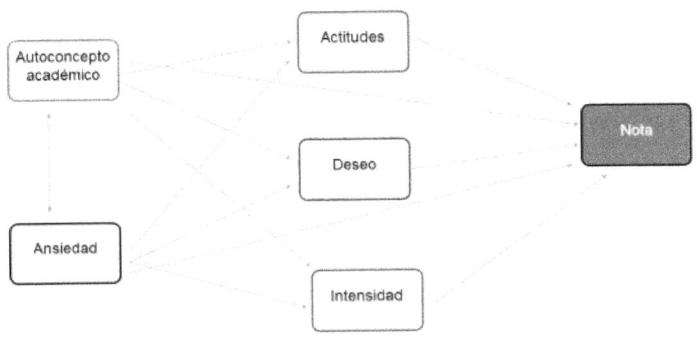

Figura 2: Modelo de relaciones entre el autoconcepto académico, la ansiedad, la motivación y la nota.

Podemos observar que el autoconcepto académico y la ansiedad serán predictores significativos, esto es, predicen los niveles de motivación y de rendimiento en los estudiantes de español como LE. El autoconcepto académico mostró relaciones positivas con la motivación y con el rendimiento. En cambio, las relaciones entre ansiedad, motivación y rendimiento fueron negativas: a mayor ansiedad menor motivación y rendimento.

El autoconcepto académico determina de manera positiva los niveles de motivación del alumnado y su posterior rendimiento, mientras que la ansiedad, de forma negativa, afecta igualmente a los niveles de motivación y al desempeño. Además, planteamos una relación de mediación entre autoconcepto y ansiedad, motivación y rendimiento. Una buena autoimagen académica unida a bajos niveles de ansiedad favorecen elevados niveles de motivación, los cuales se relacionan con el autoconcepto.

En un primer nivel, como antecedentes del rendimiento, se sitúan el autoconcepto académico y la ansiedad como elementos individuales, idiosincrásicos e intrínsecos en cada aprendiente. Por autoconcepto académico nos referimos a la percepción del alumnado sobre su propia capacidad para llevar a cabo determinadas actividades y tareas escolares (González-Fernández, 2005). Por su lado, la ansiedad se refiere al temor o la aprensión que aparece cuando un alumno tiene que realizar una actuación en una lengua extranjera (Gardner & MacIntyre, 1993). El autoconcepto académico se relaciona con la percepción de autoeficacia, que favorece la creencia de que se es capaz de aprender español. Además, la literatura científica señala que el autoconcepto académico se relaciona negativamente con la ansiedad, de forma que los aprendientes con una buena imagen de sí mismos como estudiantes de español tienden a manifestar menores niveles de ansiedad (Bailey, 1983; Bernaus & Gardner, 2008). Ambas variables, autoconcepto y ansiedad, se relacionan con la motivación y a su vez con el rendimiento. Los estudiantes con mejor autoconcepto académico y menores niveles de ansiedad expresan una mayor motivación y obtienen mejores resultados que aquellos con un autoconcepto malo y elevados niveles de ansiedad.

Relativamente a la ansiedad en estudiantes portugueses universitarios, estos parecen ser más sensibles a la ansiedad específica al aprendizaje del español, a la ansiedad global y a la ansiedad al hablar (Rabadán, 2014). Esto puede deberse a las creencias que tienen los portugueses sobre la facilidad del aprendizaje del español en comparación con otras lenguas, como el alemán o el francés. En relación con los niveles de ansiedad de los participantes del estudio de Rabadán (2014), la mayor preocupación de aproximadamente el setenta y cinco por ciento de los encuestados fue suspender la asignatura de español. El cometer errores en la clase de español y que el profesor, en clase y delante de otros compañeros, les corrigiera los errores cometidos y hablar en público eran elementos causantes de altos niveles de ansiedad.

Hay que señalar que, aunque en las actuales metodologías la evaluación forme parte del proceso de aprendizaje, al alumnado le sigue preocupando más la evaluación sumativa. Ello puede deberse a considerar la corrección como algo negativo. En este sentido, autores como Daly (1991) expresan que el ser evaluado por otros (profesor, compañeros) es una fuente de ansiedad en el aula de idiomas, sobre todo en alumnos con una autoestima baja. Normalmente, los alumnos que ven el error como un obstáculo suelen evitar las interacciones comunicativas para no causar mala impresión en los demás. Prefieren no participar a sentirse evaluados negativamente por los otros significativos.

En un segundo nivel, puede observarse el papel de las dimensiones de la motivación según el modelo de Gardner (1985). La literatura científica indica que mayores puntuaciones en motivación (actitudes más positivas hacia el español, deseo por aprender la lengua y el esfuerzo dedicado a aprenderlo) se relacionan con un mejor desempeño en el aprendizaje. No obstante, consideramos que el hecho de estar motivado es condición necesaria pero no suficiente para un adecuado aprendizaje. El autoconcepto académico y la ansiedad son elementos afectivos que poseen la misma o incluso más importancia que la motivación. Aprendientes con una buena imagen de sí mismos y que experimentan bajos niveles de ansiedad se mostrarán más motivados para el aprendizaje del español. Es decir, la motivación actúa como elemento mediador entre la ansiedad y el autoconcepto, por un lado, y el rendimiento en el aprendizaje de español como LE, por el otro.

Utilizando este modelo como referencia, se han realizado varios estudios con muestras portuguesas. En la investigación de Rabadán (2014), con una muestra de 249 estudiantes portugueses universitarios de español como LE, se observó que cerca de un tercio de la nota fue predicha por las actitudes hacia el español como lengua extranjera, la intensidad motivacional y la ansiedad global. Además, el autoconcepto también apareció como un predictor positivo y significativo del rendimiento (Rabadán & Orgambídez-Ramos, 2011). No obstante, nuevos estudios encuadrados en este modelo son necesarios para comprobar el papel predictor de la ansiedad, la motivación y el autoconcepto académico, así como el papel mediador de la motivación en relación con el desempeño.

CONCLUSIONES

La investigación ha evidenciado la importancia de las variables cognitivas y afectivas en el proceso de enseñanza-aprendizaje de lenguas extranjeras. Las tres variables que se analizan en este capítulo son fundamentales para los especialistas que formen parte de la enseñanza del español como lengua extranjera. Todos los profesores esperamos que los alumnos se consideren buenos estudiantes de español, muestren interés en nuestras clases, se esfuercen y esperamos que el contexto de aula no les cree ansiedad.

Entender cómo los alumnos de lenguas extranjeras se perciben a sí mismos y qué efectos tiene sobre su comportamiento en el aula se convierte de este modo en una necesidad tanto práctica como científica a considerar. Ello justifica que el autoconcepto sea considerado uno de los factores más influyentes en el aprendizaje de una LE. Un aprendiente de español que tenga un autoconcepto académico negativo mostrará una menor seguridad en sí mismo, lo que conllevará mayores niveles de ansiedad y una menor motivación, que puede conducir a la manifestación de problemas en el rendimiento.

De todo lo anterior, y desde una perspectiva más humanista, podemos destacar la importancia de crear ambientes libres de estrés y de estrategias que permitan a los alumnos más vulnerables al estrés poder participar activamente en clase. Esto favorecerá la comunicación y la participación en el aula. Moskowitz (2000) presenta los resultados fundamentales de una serie de investigaciones que apoyan la utilización de actividades humanísticas en el campo de la enseñanza de idiomas. Los estudios han confirmado que estas actividades ejercen un efecto positivo en las actitudes de los alumnos respecto a la lengua meta, respecto a sí mismos, que no solo mejoran la enseñanza, sino también el autoconcepto.

Asimismo, para fomentar el aprendizaje, tenemos que proporcionar al alumnado un papel activo, saber cómo aprenden y conocer las variables que entran en juego en todo este proceso. Como señala Dörnyei (2008), ya no basta con que el alumno adquiera una competencia lingüística satisfactoria, sino que se hace necesario desarrollar la voluntad de comunicar en la lengua meta. De ahí la importancia de reconocer la relevancia de las variables asociadas al aprendizaje.

Futuras investigaciones pasarían por incorporar y evaluar otras variables que creemos que podrían explicar más sobre el rendimiento, tales como las creencias, los estilos de aprendizaje y los sentimientos de autoeficacia. Igualmente serían necesarios estudios de corte cualitativo, como entrevistas a alumnos muy ansiosos y pocos ansiosos, y sobre todo de carácter longitudinal al inicio del año académico y al final del mismo. Asimismo, tendríamos que considerar otros factores que influyen en el proceso de aprendizaje de la LE, no solo los factores relacionados con el aprendiente, sino también los que afectan al profesor, al aula o al centro docente. Todos ellos condicionan el proceso de aprendizaje del español como LE, favoreciéndolo o dificultándolo.

BIBLIOGRAFÍA

Aida, Y. (1994). Examination of Horwitz, Horwitz, and Cope's construct of foreign language anxiety: The case of students of Japanese. *The Modern Language Journal*, *78*(2), 155–168.

Alpert, R. & Haber, R. (1960). Anxiety in academic achievement situations. *Journal of Abnormal and Social Psychology, 61,* 207-215.

Arnold, J. & Douglas, H. (2000). Mapa del terreno. In J. Arnold (Ed.), *La dimensión afectiva en el aprendizaje de lenguas* (19-41). Madrid: Cambridge University Press.

Ávila, J. (2007). Self-esteem and second language learning. The essential colour in the palette. In F. D. R. Rubio (Ed.), *Self-esteem and foreign language learning* (68–90). Newcastle: Cambridge Scholars Publishing.

Bailey, K. (1983). Competitiveness and anxiety in adult second language learning: Looking at and through the diary studies. In H. W. Seliger & M. H. Long (Eds.), *Class-oriented research in second language acquisition* (67-102). Rowley, MA: Newbury House.

Belmechri, F. & Hummel, K. (1998). Orientations and motivation in the acquisition of English as a second language among high school students in Quebec City. *Language Learning, 48*(2), 219-244.

Bernaus, M. & Gardner, R. C. (2008). Teacher motivation strategies, student perceptions, student motivation, and English achievement. *The modern Language Journal, 92*(3), 387-401.

Brookover, W. B. & Passalacqua, J. (1981). Comparison of Aggregate Self-Concepts for Populations with Different Reference Groups. In M. D. Lynch, A. A. Norem-Hebeisen & K. J. Georgen (Eds.), *Selfconcept. Advances in Theory and Research* (283-294). Cambridge, MA: Ballinger.

Byrne, B. M. (1996). *Measuring self-concept across the lifespan: Issues and instrumentation.* Washington, DC: APA.

Chastain, K. (1975). Affective and ability factors in second-language acquisition. *Language learning, 25*(1), 153-161.

Daly, J. (1991). Understanding communication apprehension: An introduction for language educators. *Language anxiety: From theory and research to classroom implications, 9*(1), 3-13.

Dörnyei, Z. (1994). Motivation and motivating in the foreign language classroom. *The modern language journal, 78*(3), 273-284.

Dörnyei, Z. (2001). *Teaching and researching motivation.* Harlow: Longman/Pearson Education.

Dörnyei, Z. (2003). Attitudes, orientations, and motivations in language learning: Advances in theory, research, and applications. *Language Learning, 53*(S1), 3-32.

Dörnyei, Z. (2008). *Estrategias de motivación en el aula de lenguas.* Barcelona: Editorial UOC.

Dörnyei, Z., Muir, C. & Ibrahim, Z. (2014). Directed Motivational Currents: Energising language learning through creating intense motivational pathways. In D. Lasagabaster, A. Doiz & J.M. Sierra (Eds.), *Motivation and foreign language learning: From theory to practice* (9-29). Amsterdam: John Benjamins.

Dörnyei, Z. & Ushioda, E. (2009). *Motivation, language identity and the L2 self* (Vol. 36). Bristol: Multilingual Matters.

Dörnyei, Z. & Ushioda, E. (2011). *Teaching and Researching Motivation.* London: Logman-Pearson.

Ellis, R. (1994). *The study of second language acquisition*. Oxford: Oxford University Press.

Epstein, S. (1973). The Self-Concept Revisited. *American Psychologist, 28*, 403-416.

Evans, D. (2001). *Emotions, the science of sentiment*. New York: OUP.

Fonseca, M. C. & Aguaded, I. (2007). *Enseñar en la universidad*. A Coruña: Netbiblo.

Ganschow, L., Sparks, R. L., Andeson, R., Javorshy, J., Skinner, S. & Patton, J. (1994). Differences in anxiety and language performance among high and low anxious college foreign language learners. *Modern Language Journal, 78*, 41-55.

García, J. F., Musitu, G. & Veiga, F. (2006). Autoconcepto en adultos en España y Portugal. *Psicothema, 18*(3), 551-556.

Gardner, R. C. (1985). *Social Psychology and Language Learning: The Role of attitudes and motivation*. London: Edward Arnold.

Gardner, R. C. (2000). Correlation, causation, motivation and second language acquisition. *Canadian Psychology, 41*, 10-24.

Gardner, R. C. & Lambert, W. E. (1972). *Attitudes and Motivation in Second Language Learning*. Rowley, MA: Newbury House.

Gardner, R. C. & Lambert, W. E. (1959). Motivational variables in second-language acquisition. Canadian. *Journal of Psychology/Revue canadienne de psycohologie, 13*(4), 266-272.

Gardner, R. C. & MacIntyre, P. D. (1993). A student's contributions to second-language learning. Part II: Affective variables. *Language teaching, 26*(01), 1–11.

Gecas, V. (1982). The Self-Concept. *Annual Review of Sociology, 8*, 1-33.

González-Fernández, A. (2005). *Motivación académica. Teoría, aplicación y evaluación*. Madrid: Pirámide.

González-Martínez, M. T. (1993). Aproximación al concepto de ansiedad en psicología. Su carácter complejo y multidimensional. Aula: *Revista de Pedagogía de la Universidad de Salamanca, 5*, 9-22.

González-Pienda, J. A. & Núñez, J. C. (1997). Determinantes personales del aprendizaje y rendimiento académico. In J. N. García (Ed.), *Instrucción, aprendizaje y dificultades* (45-78). Barcelona: Ediciones LU.

González, M. C. & Tourón, J. (1992). *Autoconcepto y rendimiento escolar. Sus implicaciones en la motivación y en la autorregulación del aprendizaje*. Navarra: EUNSA.

Grotjahn, R. (2004). Tests and Attitude Scales for the Year Abroad. *Zeitschrift für interkulturellen Fremdsprachenunterricht, 9*(2), 1–23.

Gual, P., Pérez, M., Martínez, M. A., Lahortiga, F., Irala, F. & Cervera, S. (2002). Self-steem, personality and eating disorders: Baseline assessment of a prospective population-based cohort. *International Journal of Eating Disorders, 31*, 261-273.

Horwitz, E. K. (1986). Preliminary evidence for the realibity and validity of a foreign language anxiety scale. *TESOL Quarterly, 20*(3), 559-562.

Horwitz, E. K. (2010). Foreign and second language anxiety. *Language Teaching, 43*(02), 154-167.

Horwitz, E. K., Horwitz, M. B. & Cope, J. (1986). Foreign language classroom anxiety. *The Modern Language Journal, 70*(2), 125-132.

Koch, A. S. & Terrell, T. D. (1991). Affective reactions of foreign language students to natural approach activities and teaching techniques. *Language anxiety: From theory and research to classroom implications, 3*(2), 109-126.

Larsen-Freeman (1983). Assessing global second language proficiency. In H. W. Seliger & M. H. Longs (Eds.), *Classroom-oriented research in second language acquisition* (287-304). Rowley, MA: Newbury House.

Littlejohn, A. (2001). Motivation, where does it come from? Where does it go? *English Teaching Professional, 19*, 5-8.

MacIntyre, P. D. & Gardner, R. C. (1991). Methods and results in the study of anxiety and language learning: A review of the literature. *Language Learning, 41*(1), 85-117.

Madrid, D. (1999). *La investigación de los factores motivacionales en el aula de idiomas*. Granada: Grupo Editorial Universitario.

Marcos-Llinàs, M. & Garau, M. J. (2009). Effects of Language Anxiety on Three Proficiency-Level Courses of Spanish as a Foreign Language. *Foreign Language Annals, 42*(1), 94-111.

Martín-Peris, E. (Dir.) (2008). *Diccionario de términos clave de ELE*. Madrid: SGEL.

Mercer, S. (2011). *Towards an understanding of language learner self-concept* (Vol. 12). London: Springer.

Miguel-Tobal, J. J. (1996). *La ansiedad*. Madrid: Aguilar.

Minera, L. E. M. (2010). La motivación y las actitudes de aprendizaje del E/LE en los estudiantes no hispanistas de la Universidad LMU de Múnich. *Revista Nebrija de Lingüística Aplicada, 8*(4), 41-47.

Moreano, G. (2005). Relaciones entre autoconcepto académico, atribuciones de éxito y fracaso, y rendimiento académico en escolares preadolescentes. *Revista de Psicología, 23*(1), 5-37.

Moskowitz, G. (2000). La mejora del desarrollo personal: Trabajando con actividades humanísticas. In J. Arnold (Ed.), *La dimensión afectiva en el aprendizaje de idiomas* (197-212). Cambridge: Cambridge University Press.

Núñez, J. C. & González-Pienda, J. A. (1994). *Determinantes del rendimiento académico*. Oviedo: Servicio de Publicaciones de la Universidad de Oviedo.

Onwegbuzie, A. J., Bailey, P. & Daley, C. E. (1999). Factors associated with foreign language anxiety. *Applied Psycholinguistics, 20* (2), 217-239.

Onwegbuzie, A. J., Bailey, P. & Daley, C. E. (2000). Cognitive, Affective, personality, and Demographic Predictors of Foreign-Language Achievement. *Journal of Educational Research, 94*(1), 3-15.

Ortega, A. (2007). Anxiety and Self-Esteem. In F. Rubio (Ed.), *Self-Esteem and Foreign Language Learning* (105-127). Newcastle: Cambridge Scholars Publishing.

Oxford, R. L. (1990). *Language learning strategies: What every teacher should know*. Boston: Heinle y Heinle.

Oxford, R. L. (2000). La ansiedad y el alumno de idiomas: nuevas ideas. In J. Arnold (ed.), *La dimensión afectiva en el aprendizaje de lenguas* (156-178). Madrid: Cambridge University Press.

Price, M. L. (1991). The subjective experience of foreign language anxiety: Interviews with higly anxious apprehension. In E. K. Horwitz & D. J. Joung (Eds.), *Language anxiety: From theory and Research to Classroom Implications* (89-104). Englewoods Cliffs, NJ: Prentice-Hall.

Printich, P. R., Schunk, D. H., Luque, M. L. & Martínez, J. A. H. (2006). *Motivación en contextos educativos: teoría, investigación y aplicaciones*. Madrid: Pearson Prentice Hall.

Pudjiati, S. (1996). Students attitudes toward foreign language. Proceedings from Annual Meeting of the Mid-South Educational Research, Tuscaloosa.

Rabadán, M. (2014). ¿Es suficiente con estar motivado? El papel de la ansiedad en el aprendizaje del español como lengua extranjera. *Revista Nebrija Procedia, 3*, 524-532. ISSN: 2386-2181.

Rabadán, M. (2013). *Motivación, ansiedad y autoconcepto en el aprendizaje del español como lengua extranjera*. Tesis Doctoral no publicada. Universidad de Huelva, Huelva.

Rabadán, M. & Orgambídez-Ramos, A. (2011). Motivación, ansiedad y autoconcepto académico como predictores del rendimiento en Español como LE. In A. Barca et al. (Eds). *Libro de actas del XI Congreso internacional galego-portugués de psicopedagoxía*. Número extraordinário da Revista Galego-Portuguesa da Psicoloxía e Educación. ISSN: 1138-1663.

Reasoner, R. (1982). *Building Self-Steem*. Palo Alto: Consulting Psychologists Press,

Richmond, V. P. & McCroskey, J. C. (1989). *Communication apprehension, avoidance and effectiveness*. Scottsdale: Gorsuch Scarisbrick Publishers.

Rojas, E. (2004). *La ansiedad*. Madrid: Sage.

Ronsenberg, M. (1979). *Conceiving The Self*. New York: Basis Books.

Rubio, F. (2004). *La ansiedad en el aprendizaje de idiomas*. Huelva: Servicio de Publicaciones. Universidad de Huelva.

Rubio, F. (2013). Self-concept and self-esteem in foreign language learning. In S. Mercer & M. Williams (Eds.), *Multiples Perspectives on the Self in SLA*. Bristol: Multilingual Matters.

Saito, Y., Horwitz, E. K. & Garza, T. J. (1999). Foreign Language Reading Anxiety. *Modern Language Journal, 83*(2), 202-218.

Schunk, D. H. (2003). Self-efficacy for reading and writing: Influence of modeling, goal setting, and self-evaluation. Reading and Writing. *Quarterly, 19*(2), 159-172.

Scovel, T. (1978). The effect of affect on foreign language learning: A review of the anxiety research. *Language Learning, 28*, 129-148.

Seyhan, S. (2001). *The impact of anxiety, self-esteem and motivation on the oral communication of German and Japanese adult ESL students*. Dissertation Abstracts International, Section A: The Humanities and Social Sciences, 61, 10.

Shavelson, R. J., Hubne, J. J. & Stanton, G. C. (1976). Self-concept: Validation of construct interpretations. *Review of Educational Research, 46*(3), 407–441.

Steinberg, F. S. & Horwitz, E. K. (1986). The effect of induced anxiety on the denotative and interpretative content of second language speech. *Tesol Quarterly, 20*(1), 131-136.

Svanes, B. (1987). Motivation and Cultural Distance in second-Language Acquisition. *Language Learning, 37*(3), 341-359.

Tsui, A. (1996). Reticence and anxiety in second language learning. In K. Bailey & D. Nunan (Eds.), *Voices from the Language Classroom* (145-167). Cambridge: Cambridge University Press.

Williams, M. & Burden, R. L. (1999). *Psicología para profesores de idiomas*. Cambridge: Cambridge University Press.

Wozniewicz, W. (1995). On therapy for and Neutralization of the "Fear to Communicate". *Glottodidactica, 23*, 167-172.

Yeung, A. S. & Wong, E. K. P. (2004). Domain Specificity of Trilingual Teachers'Verbal Self-Concepts. *Journal of Educational Psychology, 96*(2), 360-368.

Young, D. J. (1999). *Affect in foreign language and second language learning: A practical guide to creating a low-anxiety classroom atmosphere*. New York: McGraw.

CRITERIOS PARA EL ANÁLISIS, LA VALORACIÓN Y LA ELABORACIÓN DE MATERIALES DIDÁCTICOS DE ESPAÑOL COMO LENGUA EXTRANJERA/SEGUNDA LENGUA PARA NIÑOS Y JÓVENES

Ana Blanco Canales
Universidad de Alcalá (España)

ABSTRACT

Spanish's future as a foreign language subject is closely linked to its development in regulated teaching curriculums for elementary and high schools. It is precisely in those two areas where a significant development is expected to happen. Consequently, our aim is twofold: a) to provide authors and editors with reference points for the creation of didactic materials and b) to help teachers, supervisors and educational managers in analysing and assessing already existent materials. For this purpose we have ascertained a number of criteria, based on a critical revision of four key texts in the field of language teaching: *Marco Común Europeo de Referência para las lenguas*, *Orientações curriculares para o ensino médio*, *National Standards in Foreign Language Education* and *Plan Curricular from Instituto Cervantes*. Thus, using these criteria and the methodological proposals developed by various authors in recent decades as a landmark, we have a created an analytical tool for assessing and creating didactic materials.

DOI: http://dx.doi.org/10.14195/978-989-26-1231-7_5

Keywords: *school context, didactic materials, analysis and assessment.*

RESUMEN

El futuro del español como lengua extranjera está estrechamente ligado al desarrollo que adquiera nuestra lengua en los programas reglados de primaria y secundaria, pues son estos los tramos educativos en los que se prevé un aumento más significativo. Con objeto de orientar a autores y editores en la elaboración de material didáctico así como de ayudar a profesores, coordinadores, gestores educativos en el análisis y valoración de los materiales existentes, hemos establecido unos criterios que fundamenten y sirvan de apoyo a las tareas mencionadas. Son el resultado de la revisión crítica de cuatro documentos educativos de enorme relevancia para la enseñanza de lenguas: el *Marco Común Europeo de Referencia para las lenguas*, las *Orientações curriculares para o ensino médio*, los *National Standards in Foreign Language Education* y el *Plan Curricular del Instituto Cervantes*. A partir de estos criterios así como de propuestas elaboradas por diferentes autores en las últimas décadas, hemos desarrollado una herramienta de análisis encaminada a facilitar tanto la valoración como la elaboración.

Palabras claves: *contextos escolares, material didáctico, análisis y valoración.*

INTRODUCCIÓN

Durante la última década, el mercado editorial del español como lengua extranjera (E/LE) ha experimentado un notable desarrollo, consecuencia lógica del incremento del número de alumnos que cursan estudios de español. Según los datos proporcionados por el Instituto Cervantes en su *Enciclopedia del Español en el Mundo* (2006), 14 millones de personas estudian español como lengua extranjera, cantidad que puede aumentar sensiblemente a medio plazo, a medida que la ley del español en Brasil comience a ser efectiva[1]. En este sentido, se calcula que el número de estudiantes en este país pase del millón actual a los 11 millones. De la misma manera, también se prevé un aumento de las cifras en EEUU (en torno al 60%[2]) con lo que se duplicarán los 6 millones con los que cuenta en la actualidad, fenómeno que afectará, sobre todo, a la enseñanza primaria y secundaria, segmentos educativos en los que ya se halla concentrada la mayor parte de la demanda. Las perspectivas en Europa son igualmente halagüeñas, donde, en general, se aprecia un desarrollo expansivo muy fuerte, con un ritmo de crecimiento constante, que afecta, como en los casos anteriores, a las enseñanzas medias.

Cabe imaginar, pues, un futuro próximo en el que la presencia del español en escuelas e institutos de todo el mundo se habrá multiplicado de forma significativa. Será necesario contar con una importante oferta de materiales didácticos entre los que poder elegir aquellos que más se adecuen a la edad y perfil de los estudiantes, sus necesidades formativas, la realidad sociocultural, la situación educativa y las directrices curriculares oficiales. A pesar de que contamos con un volumen creciente de publicaciones para la

---

[1] La Ley 11.161 (Ley sobre la enseñanza del español) fue aprobada por el Parlamento brasileño el 7 de julio de 2005; establece la obligatoriedad de que las escuelas de enseñanzas medias ofrezcan la lengua española como asignatura optativa. Se prevé que habrá un número muy importante de escuelas que incluirá el español en su oferta, pero el futuro es algo incierto dado que todo ello requiere de una importante inversión en recursos (profesorado, material didáctico, etc.) que dificulta la puesta en marcha.

[2] Marcos Marín, F. (2006). Español y lengua hispana en los Estados Unidos de América. In Instituto Cervantes. *Enciclopedia del Español en el mundo* (178-187) Madrid: Círculo de Lectores, IT & Plaza y Janés.

enseñanza del español, continúan las carencias en lo que respecta al material destinado a niños y jóvenes, precisamente el tramo de edad que más impulso está dando y dará al español.

La proliferación de materiales educativos de E/LE o de español como segunda lengua (E/L2) pero, especialmente, la acuciante necesidad de su elaboración para contextos escolares hace imprescindible el desarrollo de instrumentos de análisis y valoración que:

- faciliten al profesor la selección del más adecuado a su situación educativa, labor que en este caso resulta de más dificultad, habida cuenta de la enorme diversidad con la que nos encontramos y los numerosos factores con que se define cada una de ellas;
- orienten a los autores a la hora de establecer los criterios lingüísticos, didácticos y metodológicos fundamentales para el diseño y desarrollo de materiales escolares;
- permitan a las editoriales detectar vacíos o necesidades y orientar, así, la producción del sector en la dirección más conveniente;
- proporcionen a los investigadores información sobre las formas de implementación y adaptación de las diferentes teorías sobre la lengua y los modelos metodológicos, así como de sus resultados, información que resultará de gran trascendencia para la mejora de los procesos de aprendizaje del español como lengua extranjera.

Por otra parte, no podemos olvidarnos de que el diseño de instrumentos de análisis, selección y elaboración de materiales para la enseñanza de lenguas es uno de los centros de interés de las políticas educativas europeas desde mediados de los años noventa del passado siglo. También lo es el establecimiento de criterios de calidad que sirvan de referencia a los autores para la creación de materiales, tarea en la que se ha invertido un gran esfuerzo, como demuestra el número de trabajos disponibles: la guía para autores de materiales que acompaña al documento principal del *Marco Común Europeo de Referencia para las lenguas* (Hopkins, 2000), las orientaciones de Consejo de Europa para la elaboración de materiales (Fenner & Newby, 2000 y 2007), el protocolo para la evaluación de materiales y programas elaborado por la asociación AGERCEL (Association de Gestion du Réseau des Centres d'Études des Langues; Agercel, 2000).

2. Documentos educativos para el establecimiento de los criterios

La propuesta que presentaremos a lo largo de estas páginas se ha articulado a partir de algunos documentos educativos que se han ido publicando durante la última década con objeto de promover el aprendizaje de lenguas extranjeras y de establecer unas pautas que aseguren la eficacia y calidad del proceso, así como su adecuación a la realidad plurilingüe y multicultural actual. Estos documentos nos han servido para fijar los criterios para el análisis, valoración y elaboración de materiales didácticos que subyacen a nuestra propuesta. El primero de estos documentos ha sido el *Marco Común Europeo de Referencia para las lenguas: aprendizaje, enseñanza, evaluación* (en adelante, MCER), cuyas directrices -fijadas desde el Consejo Social Europeo- han sido asumidas fehacientemente por las instituciones educativas de los países europeos.

Otro de los documentos que hemos tenido en consideración ha sido el de las *Orientações curriculares para o ensino médio. Conhecimentos de língua estrangeira (espanhol)* (2006), texto bastante fiel al MCER en sus planteamientos generales. Nos ha parecido pertinente su uso, dada la repercusión que se prevé que tenga la ley del español en Brasil. En el documento se advierte sobre la necesidad de contar con análisis rigurosos del material disponible, para lo que se necesitan, previamente, propuestas amplias que recojan las múltiples dimensiones a las que atender en el proceso de enseñanza-aprendizaje.

> Hoje, no Brasil, encontrasse grande oferta de livros didáticos [...]. Contudo, uma análise desses materiais pautada em critérios claramente definidos e objetivos torna-se imprescindível, como aponta Melone (2000: 234), para que eles, de fato, atendam às necessidades específicas de cada situação de ensino e, nesse caso, aos objetivos educacionais do ensino médio. (p. 154)

Nos hemos valido también del documento norteamericano *National Standards in Foreign Language Education Project* (1996), dada su importancia e influencia para la enseñanza de lenguas extranjeras en EEUU. Las diferentes instituciones educativas federales han asumido las recomendaciones vertidas en él, de manera que, en la actualidad, tanto los currículos educativos como la labor docente se guían por los cinco macroobjetivos marcados. No se trata de una guía curricular en la que se especifican objetivos, contenidos, metodología, etc., sino de una propuesta de líneas de actuación que afecta a profesores, gestores educativos, familias, editores, autores y empresarios.

> The standards are not a curriculum guide. While they suggest the types of curricular experiences needed to enable students to achieve the standards, and support the ideal of extended sequences of study that begin in the elementary grades and continue through high school and beyond, they do not describe specific course content, nor recommended sequence of study. They must be used in conjunction with state and local standards and curriculum frameworks to determine the best approaches and

reasonable expectations for the students in individual districts and schools. (Executive Sumary of *Standards for foreign language learning: Preparing for the 21 st century*, 3)

Por último, la propuesta responde, lógicamente, a las indicaciones del Instituto Cervantes recogidas en su *Plan Curricular*, pues es el documento de referencia más importante con el que contamos para la enseñanza del español. Los *Niveles de referencia para el español* – una parte del renovado *Plan Curricular* – (como no caso anterior) recogen las aportaciones fundamentales de la investigación en lingüística aplicada a la enseñanza de lenguas de los últimos años; asimismo, se han desarrollado de acuerdo a los planteamientos del Departamento de Política Lingüística del Consejo de Europa.

3. Criterios del MCER

La herramienta de análisis que hemos diseñado se ha perfilado sobre la base de las reflexiones del MCER relativas a los diferentes componentes y dimensiones que intervienen en todo proceso de enseñanza/aprendizaje de una lengua extranjera, a su concepción sobre lo que supone el uso de una lengua (desde un punto de vista cognitivo, comunicativo y sociocultural) y a las competencias que debe desarrollar el alumno. Asimismo, hemos tratado de que la propuesta dé respuesta a tres aspectos concretos: a) presencia, tratamiento y función de las tareas, b) carácter dinámico y reflexivo del aprendizaje y c) desarrollo de estrategias de aprendizaje y fomento de la autonomía.

Como es bien conocido, el MCER entiende que la enseñanza de lenguas debe estar orientada a la acción, pues considera que cualquier alumno es un usuario de la lengua que está aprendiendo, y como usuario, es un agente social, es decir, un miembro de una sociedad dentro de la cual se relaciona y en la que interactúa verbalmente con el objeto de realizar tareas. En este sentido, todo acto de aprendizaje o de enseñanza de idiomas estaría relacionado con cada una de las dimensiones que entran en juego en la comunicación: las estrategias, las tareas, los textos, las competencias generales, la competencia comunicativa, las actividades de lengua, los procesos, los contextos y los ámbitos. Nos parece, por tanto, conveniente analizar de qué manera se contemplan y reflejan todas ellas en los materiales didácticos.

Ya que la tarea es el principio que articula el proceso de enseñanza, resulta necesario aclarar cuáles son las bases sobre las que se apoya el concepto, si queremos ver su tratamiento en los materiales didácticos. Por una parte, hay que destacar que toda tarea supone la puesta en práctica de unas competencias dadas a fin de realizar un conjunto de acciones en un ámbito determinado, con una finalidad concreta y con un resultado. Por otro lado, la tarea pretende implicar al alumno en una comunicación real, tiene un sentido - habla, lee, escribe, escucha para algo -, es factible y tiene un resultado identificable. Asimismo, proporciona todos los elementos (lingüísticos, contextuales, culturales...) y las razones para llevar a cabo un proceso de comunicación, lo que la convierte en marco idóneo para un aprendizaje significativo, que favorezca la construcción de conocimiento y que incluya las experiencias personales de los alumnos como elementos fundamentales del proceso. En el análisis de materiales que llevemos a cabo habrá de comprobarse si se cumplen estas condiciones, y, en caso contrario, cuál es la concepción y funcionalidad de la tarea.

El MCER defiende un aprendizaje dinámico y participativo, que dé la oportunidad a los alumnos de descubrir de forma autónoma los contenidos; que haga uso de técnicas inductivas y deductivas en lugar de las meramente memorísticas; que desarrolle actividades creativas, dependientes de actos comunicativos. Todo ello está estrechamente relacionado con otra de las ideas básicas del MCER: la de favorecer el desarrollo de estrategias de aprendizaje y, por ello, promover la autonomía como aprendices. Para que esto sea posible, se deben crear contextos adecuados que les den oportunidad para reflexionar sobre la lengua y sobre el propio proceso de aprendizaje, así como de autoevaluar los logros que van siendo alcanzados, identificar las debilidades y fortalezas y planificar la mejora. En el contexto educativo en el que nos hallamos – enseñanza reglada – este planteamiento adquiere una relevancia enorme, como se puede apreciar por los currículos oficiales, por lo que hemos considerado que tales criterios han de incluirse en el análisis.

4. Criterios de las *Orientações Curriculares Para O Ensino Médio*

De todas las cuestiones que se abordan en las *Orientações* a propósito de la enseñanza de lenguas y, concretamente, del español, nos ha parecido de especial relevancia para nuestros fines tres de ellas: las lenguas extranjeras en contextos escolares reglados, el papel de la lengua materna y la diversidad lingüística y cultural del español. Hemos tratado de que en nuestra herramienta de análisis haya lugar para valorar cómo se resuelven o tratan todas ellas y, así, atender algunas de las máximas preocupaciones de los responsables educativos brasileños.

Con respecto a la primera cuestión, no cabe duda de que el contexto en el que tiene lugar el proceso de aprendizaje de la lengua determina el papel que va a desempeñar su enseñanza, y así aparece señalado desde el principio en las *Orientações* (2006). En este sentido, se insiste en que hay diferencias muy importantes entre el ámbito de la educación regular y el de la enseñanza libre, pues en la primera, la enseñanza de lenguas extranjeras no puede ser entendida como un fin en sí misma, sino que debe integrarse con otras disciplinas curriculares y buscar convergencias e interdependencias, pues forma parte de un todo. Por esta razón, parece primordial trabajar las lenguas extranjeras no solo como formas de comunicación, sino también como constructos portadores de significados, conocimientos y valores, de manera que se cumpla, así, con los cuatro objetivos marcados por la UNESCO como ejes estructurales de la educación: aprender a conocer, aprender a hacer, aprender a vivir y aprender a ser (p. 131).

Por lo que respecta a la cuestión del papel de la lengua materna – el portugués – en la enseñanza y aprendizaje del español, no es de extrañar el interés que genera, dada la similitud entre ambas, similitud que facilita el primer acercamiento pero que dificulta el avance y la superación de errores. Se defiende en todo momento la adopción de una perspectiva contrastiva que conduzca a una reflexión interlingüística y, a partir de ahí, a un mejor conocimiento del funcionamiento de las dos lenguas. Esta reflexión y comparación debe constituir una práctica habitual y seria, y no debe limitarse a aspectos léxicos (los menos relevantes), sino que ha de atender a otras de tipo fonético, morfosintáctico, pragmático e, incluso, discursivo.

Por último, la heterogeneidad del español y su cultura es también objeto de preocupación, puesto que se considera inaceptable adoptar planteamientos centralistas y reduccionistas. Así, la conocida pregunta "¿qué español enseñar?" debe sustituirse por otra: "¿cómo enseñar una lengua tan plural y heterogénea, sin sacrificar sus diferencias ni reducirlas a meras anécdotas?". En este sentido, se insiste mucho en que los materiales didácticos recojan las variedades del español en sus contextos sociales y culturales y trasmitan realidades complejas, en lugar de limitarse, como viene siendo habitual, a simples listas de curiosidades.

> Continuar considerando a las variedades lingüísticas y culturales latinoamericanas del español como conjuntos estables de creencias, valores y comportamientos, que pueden agregarse como atractivos

complementos del material didáctico lleva a un divorcio de la lengua con su contexto cultural y social. (Buge, 2000 apud *Orientações*, 2006, p. 137).

5. Criterios del *National Standards In Foreing Education Project*

El documento *National Standards* surgió bajo la iniciativa del gobierno federal de los EEUU ante la preocupación por el escaso interés que la sociedad mostraba por el aprendizaje de lenguas extranjeras. De manera similar al MCER, pretende ser un marco general para el desarrollo de currículos y programas de enseñanza. Aunque las pautas no son propiamente directrices, sino metas que se han de lograr, tienen también la intención de orientar al profesor en la propia actividad docente en las aulas.

En el documento se especifican los conocimientos y habilidades que los alumnos deben haber adquirido al final de la enseñanza secundaria. Todos ellos se hayan estructurados en torno a cinco macroobjetivos o metas, cada una de las cuales se divide, a su vez, en dos o tres pautas o conjuntos de tareas que han de saber realizar. Las metas son:

- Culturas: adquirir conocimientos y una mayor comprensión de otras culturas.
- Conexiones: hacer conexiones con otras asignaturas.
- Comparaciones: desarrollar conocimientos sobre el carácter de las lenguas y las culturas.
- Comunidades: relacionarse con comunidades multilingües dentro y fuera del país.

Ofrece, además, una serie de reflexiones sobre siete elementos curriculares: la lengua como un sistema pluridimensional, las estrategias de comunicación, los contenidos culturales, las estrategias de aprendizaje, los contenidos de otras asignaturas, el análisis contrastivo y las habilidades de pensamiento y, por último, el uso de recursos tecnológicos.

Es fácil apreciar las notables semejanzas con el MCER en cuanto a los principios subyacentes. Sólo hay dos aspectos que no aparecen explícitamente en el MCER y sí en el *National Standards*, hecho que se explica por los diferentes ámbitos de actuación: el MCER es de carácter generalista, mientras que el *National Standards* se circunscribe a enseñanzas primarias y secundarias regladas. El primero de estos aspectos diferenciadores tiene que ver con la necesidad de establecer conexiones con otros ámbitos del currículo escolar. Se pretende que el alumno pueda reforzar y ampliar conocimientos propios de otras asignaturas a través del idioma extranjero, así como que pueda adquirir información e identificar puntos de vista que solo se pueden captar a través de una lengua y su(s) cultura(s)[3].

Este planteamiento tiene que ver con lo que se ha llamado aprendizaje por contenidos y currículos integrados, que goza en la actualidad de la confianza y el interés de muchos expertos en metodología y educación. Según Spanos (1989, p. 228), cuando hablamos de integración de lenguaje y contenidos nos estamos refiriendo a tres situaciones: introducir los contenidos de las materias curriculares en la clase de lengua; hacer las clases del resto de las asignaturas más sensibles a los aspectos lingüísticos; o hacer ambas cosas simultáneamente. En este sentido, el enfoque basado en contenidos representa una propuesta que integra la asignatura de lengua (materna o extranjera) con el resto de las áreas curriculares dentro

---

[3] En las *Orientações* curriculares del ministerio brasileño también se reflexiona sobre la conveniencia de fomentar un conocimiento integral, en el que las distintas áreas del currículo se hallen interrelacionadas.

de una perspectiva constructivista y globalizadora del aprendizaje (Trujillo, 2005).

Dado el interés y desarrollo actual de estas teorías[4], nos ha parecido muy conveniente incluir en nuestra propuesta un apartado en el que identificar si se trabajan o no contenidos de otras áreas del currículo, y en caso de que así sea, qué áreas y qué temas. Se analiza también la función de esos contenidos en el desarrollo de las unidades didácticas, la sistematicidad de la integración, la finalidad, etc.

El segundo aspecto diferenciador entre los dos documentos educativos es de carácter instrumental y se refiere a la necesaria presencia de recursos tecnológicos en las aulas de lenguas extranjeras, dado el enorme potencial que ofrecen de conocimiento de otras realidades y como fuente para obtener material. Actualmente, está generalizado el uso de herramientas multimedia y tecnológicas en las aulas de primaria y secundaria; sin embargo, el material didáctico solo recientemente empieza a incluir como complemento y apoyo cederrones con actividades interactivas, espacios web de aprendizaje desarrollados por las editoriales como apoyo en Internet al libro, enlaces web, etc. La propuesta también intenta comprobar en qué medida el material didáctico ofrece al alumno la posibilidad de aprender con recursos modernos, sin duda, más variados, de mejor calidad técnica y más motivadores.

---

[4] Véase Arnau, J. (2001). La enseñanza de la lengua extranjera a través de contenidos: principios e implicaciones prácticas. *Actas del Congreso Internacional*. Oviedo: Anaya – MEC; Madrid, D. & E. García Sánchez, E. (2001). Content-based Second Language Teaching. In E. García Sánchez (Ed.), *Present and Future Trends in TEFL* (101-134). Almería: Secretariado de Publicaciones de la Universidad de Almería; Met, M. (1994). Teaching content through a second language. In F. Genesee (Ed.), *Educating Second Language Children: The whole child, the whole curriculum, the whole community* (159-182). New York: Cambridge University Press; Trujillo Sáez, F. (2003). Elements for a redefinition of TEFL in Spanish Secondary Education. In G. Luque Agulló, A. Bueno González & G. Tejada Molina (Eds.), *Las lenguas en un mundo global* (101-111). Jaén: Universidad de Jaén.

6. Criterios del *Plan Curricular* del Instituto Cervantes

La propuesta que presentamos en estas páginas está igualmente ligada a las directrices marcadas en el *Plan Curricular* del Instituto Cervantes (concretamente, en los *Niveles de referencia para el español*). De él hemos tomado, sobre todo, las categorías para la organización de los objetivos, el tratamiento de los aspectos culturales, socioculturales e interculturales y la dimensión del aprendizaje de la lengua.

Para el establecimiento de los objetivos generales, el *Plan Curricular* parte de considerar al alumno desde tres dimensiones o perspectivas complementarias, y así, habla del alumno como agente social, como hablante intercultural y como aprendiente autónomo. Cualquier alumno de una lengua extranjera es, como ya vimos más arriba, usuario de esa lengua y como tal, miembro de una sociedad en la que realiza actividades lingüísticas y no lingüísticas. Debe ser capaz de interactuar con los otros miembros y satisfacer sus necesidades y objetivos a través de la comunicación. Por otra parte, como hablante intercultural, ha de reconocer los aspectos relevantes de la nueva cultura y «desarrollar la sensibilidad necesaria para establecer puentes entre la cultura de origen y la cultura nueva». (Plan Curricular, V. I., p. 33). Para ello, el alumno debe disponer de una serie de conocimientos sobre referentes culturales y normas y convenciones sociales, pero sobre todo, ha de mantener una actitud abierta y receptiva que le permita valorar la diversidad cultural como fuente de enriquecimiento personal. Por último, el alumno ha de ser capaz de tomar conciencia de su aprendizaje, tanto en cuestiones afectivas como cognitivas y responsabilizarse de su propio proceso, siendo cada vez más autónomo y desarrollando estrategias propias que le permitan aprender en cualquier situación y a lo largo de toda su vida.

Desde nuestro punto de vista, uno de los mayores logros de los *Niveles de referencia* es la inclusión del componente de aprendizaje con su correspondiente inventario de procedimientos. De acuerdo una vez más con el MCER, el Instituto Cervantes se muestra claramente partidario de los nuevos enfoques psicopedagógicos que consideran que el desarrollo de estrategias de aprendizaje por parte del alumno es una garantía de éxito y de autonomía. Se parte de la idea de que en todo proceso de aprendizaje se activa una serie de estrategias que hacen posible la adquisición de nuevos conocimientos, su almacenaje, su uso y actualización, su interrelación con otros saberes, etc. Si, desde la reflexión guiada y sistemática, el alumno toma conciencia de esas estrategias podrá orientar su aprendizaje en la dirección de sus necesidades, así como mejorarlo y rentabilizarlo. Se trata de aprender a aprender, lo que implica la capacidad de reflexionar en la forma en que se aprende y actuar en consecuencia, autorregulando el propio proceso de aprendizaje mediante el uso de estrategias flexibles y apropiadas que se transfieren y adaptan a nuevas situaciones.

7. Propuesta de análisis de materiales didácticos en E/LE

En las últimas cuatro décadas se han ido elaborando distintas propuestas de análisis de materiales, cada una con unos objetivos y fines determinados. La primera en el caso del español fue la de Ezquerra (1974), propuesta que desarrolló con el objeto de poder cumplir con el encargo de la Asociación Europea de Profesores de Español, y que consistía en recoger información sobre los manuales que se estaban utilizando en Europa para la enseñanza de nuestra lengua, más concretamente, sobre los planteamientos didácticos y metodológicos en los que se apoyaban esos manuales. Ezquerra propone una herramienta de valoración crítica encaminada a satisfacer dos objetivos: por un lado, evidenciar de manera clara los contenidos que se estudian en cada libro, y por otra, comprobar si los planteamientos metodológicos defendidos por los autores coinciden con los que realmente plasman, esto es, valorar la coherencia. Su propuesta es una guía general de análisis, pensada sobre todo para manuales de corte estructural, que eran los que se estaban utilizando en aquellos años. Esta guía se articula en tres bloques. El primero de ellos se centra en la descripción de los elementos y estructura del manual; el segundo atiende a los principios metodológicos y el último revela los contenidos léxicos y gramaticales al tiempo que valora algunas cuestiones de didáctica.

La segunda propuesta significativa de análisis de materiales la encontramos en EEUU, más de una década después. Se trata del trabajo de Arizpe & Aguirre (1987), orientado al estudio de referencias culturales y, más concretamente, al tratamiento de elementos cubanos, puertorriqueños y mejicanos. Analizan cuatro aspectos en manuales de E/LE de primer curso de universidad: incorrecciones, estereotipos, simplificaciones excesivas y omisiones.

En 1990 aparece el trabajo de Ramírez & Hall, quienes desarrollan muy ampliamente toda la cuestión de los contenidos socioculturales, la contextualización de la lengua y la integración de elementos culturales en la enseñanza de la lengua en libros de texto de E/LE utilizados en EEUU. Analizan el contenido cultural desde una triple perspectiva: sociocultural (representación de temas, países y grupos hispanos), sociolingüística (temas de comunicación, situaciones en las que se produce la comunicación y contenidos lingüísticos en relación a las funciones comunicativas) y curricular (componentes de las lecciones).

También de 1990 es la propuesta de Salaberri Ramiro, aunque esta con fines algo diferentes a los de los trabajos anteriores, pues pretende ser una guía que ayude al profesor en la tarea de seleccionar los manuales más adecuados a sus alumnos. La propuesta se plantea a modo de cuestionario organizado en diez apartados: necesidades de los alumnos, objetivos, syllabus, metodología, contenido lingüístico, gradación del lenguaje, repaso, fases dentro de una unidad y destrezas, material de apoyo y otras cuestiones.

Fernández López (1994) elabora la primera propuesta global para el análisis de materiales didácticos en España. La segunda versión de esta propuesta, de 2004, ofrece algunas mejoras al incorporar dimensiones y aspectos no contemplados en la anterior. Se trata de algo más que un instrumento de análisis, pues su diseño deja ver una profunda reflexión sobre la tarea de la enseñanza de una lengua extranjera. Elabora dos fichas distintas con objeto de poder analizar tanto manuales como materiales. Ambas constan de cuatro grandes apartados: descripción externa, descripción interna, análisis y observaciones. En la descripción externa, tanto para manuales como para materiales, se recoge información bibliográfica y datos sobre el tipo de soporte. En cuanto a la descripción interna, se realiza básicamente a partir de la información que los propios autores y editores proporcionan en los prólogos o presentaciones. En el caso de los manuales se atiende a cuestiones como los objetivos, la metodología, la organización en niveles, el destinatario, la programación que ofrece y la organización de cada lección. En los materiales, se recogen datos sobre objetivos, destrezas, nivel, destinatario, organización del material y organización de cada unidad. El tercer apartado de las fichas va encaminado a analizar de manera exhaustiva y crítica la obra. Es, sin duda, la parte más compleja e interesante. Para el análisis de manuales, la autora propone atender a seis aspectos: el papel de la L1, la presentación de la L2, los contenidos comunicativos, los contenidos lingüísticos, los contenidos culturales, materiales de evaluación. En el caso de los materiales, el análisis se lleva a cabo sobre los contenidos. Fernández López proporciona en las fichas temas concretos sobre los que habrá que investigar en cada caso: contextualización de la lengua, orientación deductiva/inductiva; lengua escrita/lengua oral, presentación, programación, ejercitación y progresión de los contenidos, etc. Gracias al estudio de todos estos aspectos, podremos conocer los fundamentos metodológicos y didácticos subyacentes.

Otro paso muy importante en el diseño de herramientas de análisis de materiales se da con el trabajo de Areizaga Orube (1997), ya que incorpora como objeto de interés los factores contextuales. La autora está convencida de que en los manuales no solo se proyectan principios sobre la concepción de la lengua y su aprendizaje, sino también los factores contextuales en los que se elaboran y utilizan, por lo que propone un esquema de estudio con dos grandes parámetros: factores contextuales (características de los alumnos y de los profesores, marco de instrucción, etc.) y características metodológicas en relación con los factores contextuales (papel de la primera lengua), orientación contrastiva, orientación del modelo dialectal de lengua y del componente cultural, etc.).

La propuesta más reciente y sofisticada para el análisis y evaluación de materiales didácticos es la de Ezeiza Ramos (2008). Lleva a cabo una profunda revisión de los criterios y procedimientos que se han seguido en los trabajos sobre análisis y evaluación de materiales didácticos, desde la década de 1970 hasta la actualidad. El objetivo de esta investigación es elaborar un modelo general de síntesis para el estudio de materiales, lo que le ha permitido, a su vez, desarrollar una herramienta informática con la que obtener información diversa sobre la configuración metodológica desde criterios lingüísticos, psicolingüísticos y de organización.

Lo que tienen en común la mayoría de estas propuestas es que están pensadas para análisis de materiales destinados a adultos, lo que dificulta o imposibilita su utilización para el caso de estudiantes infantiles o juveniles. La situación de los materiales para su utilización en colegios e institutos resulta mucho más compleja, porque cada etapa, cada nivel educativo, cada edad e, incluso, cada comunidad sociocultural requiere de un libro de texto distinto, que, además, debe ajustarse a unos planteamientos curriculares determinados contemplados en las leyes educativas de cada país. La especificidad de este tipo de situaciones educativas hace aconsejable desarrollar instrumentos de análisis propios que permitan describir y valorar otros aspectos relevantes y significativos para estos contextos.

8. Nuestra propuesta

Hemos tratado de que nuestra propuesta sea, en sí misma, portadora de los criterios presentados en estas páginas, esto es, que al tiempo que sirve como instrumento-guía, informe con transparencia de los fundamentos metodológicos y didácticos actuales sobre la enseñanza de lenguas extranjeras. La hemos estructurado en ocho bloques más un apartado final a modo de cierre y conclusiones.

Con objeto de simplificar al máximo el análisis del material didáctico por parte de los posibles usuarios, hemos dividido cada apartado en tantos subapartados o aspectos como parece necesario tener en consideración. Se trata de un análisis muy dirigido, en el que se proporciona una serie concreta de puntos sobre los que trabajar, lo que permite homogeneizar los resultados.

El primero de los apartados, el de los datos identificativos, busca simplemente recoger información bibliográfica. Además de las referencias habituales (autor, título, editorial, año, etc.) hemos incluido la de "Otras obras del autor/es", pues, en ocasiones, puede anticiparnos y aclararnos muchos aspectos claves de la obra (planteamientos metodológicos, perspectiva sobre el aprendizaje/ enseñanza de lenguas, etc.).

Nos encontramos a continuación con el apartado dedicado a los aspectos formales del manual: elementos que componen la obra y sus características, edición y estructura y organización del manual. En los dos primeros casos – elementos y edición – (como en el caso anterior), nos parece de especial interés la valoración de la funcionalidad, pues ello nos informará sobre la coherencia del manual y su aspecto global e integrador. Si las ilustraciones o fotografías, por ejemplo, no cumplen una función didáctica (introducir, contextualizar, presentar, soportar contenidos) serán un mero adorno y un motivo de distracción que fragmentará el conjunto. Resulta igualmente muy importante analizar la adecuación del material o de los elementos al público al que va destinado, a su edad, origen, nivel de lengua, etc. Mucha atención deberemos también poner a la hora de valorar la imagen que se trasmite (moderna, anticuada, tolerante, democrática, igualitaria, inclusiva, multicultural...) y la diversidad o no sociocultural (¿se representan los diferentes grupos sociales, étnicos, culturales que conforman la comunidad?).

Por lo que respecta a la estructura, además de conocer qué material se proporciona junto con las unidades de trabajo (programación, apéndices, glosarios, etc.) es conveniente conocer qué tipo de estructura presentan esas unidades, pues esto está estrechamente relacionado con la concepción de la lengua y del aprendizaje que subyace. Así, una unidad organizada en secuencias de aprendizaje (presentación, reflexión, práctica dirigida, práctica semidirigida, actividad de comunicación libre) refleja una visión más comunicativa e integradora de la lengua que otra dividida por niveles internos (vocabulario, gramática, fonética). Pero al mismo tiempo, la primera resultará, desde el punto de vista del aprendizaje, más compleja de seguir para el alumno, con la consiguiente incertidumbre que ello suele ocasionar. Lo deseable sería que el analista no se limitara a un simple registro de datos, a una descripción objetiva, sino que proporcionara una valoración crítica justificada.

También en este bloque se estudia la forma de secuenciación de cada apartado concreto, pues es el rasgo que más denota la existencia de un plan claro y consciente de aprendizaje. Se trata de ver la relación que existe entre las distintas actividades, la naturalidad o no con que se pasa de una a otra, su pertinencia dentro de ese bloque, etc.

El tercer apartado de nuestra propuesta se focaliza en la situación educativa con objeto de registrar una serie de datos fundamentales como son la edad de los destinatarios; el nivel de lengua, según las referencias del MCER; la duración, es decir, la cantidad de tiempo que se requiere para su completa realización y finalmente, el contexto y la situación educativa. Se trata de señalar si es un manual destinado a enseñanza reglada o no reglada, y en caso de enseñanza reglada, el nivel educativo para el que se ha elaborado (infantil, primaria, secundaria, bachillerato). El hecho de destinarse a programas reglados determinará muchas de las características que debe tener, desde la duración (un año académico) hasta principios básicos curriculares propios de la etapa educativa. De la misma manera, será conveniente especificar el tipo de programa, esto es, si es asignatura obligatoria u optativa, si se halla en una situación de enseñanza bilingüe, si es lengua extranjera o segunda lengua...

De la descripción de los objetivos generales se ocupa el cuarto apartado. Tal y como señalamos más arriba, hemos tomado de los *Niveles de referencia para el español* del Instituto Cervantes la categorización y la subdivisión interna, con objeto de orientar y facilitar al analista la tarea de identificar los objetivos, y a los autores, la de fijar las metas que deben perseguir. A las tres dimensiones del alumno que se describen en este documento, hemos añadido una cuarta: el alumno como estudiante de un programa de enseñanza reglada, pues en este caso, los currículos oficiales presentan una serie de objetivos transversales, formulados a modo de competencias básicas, que deben estar presentes en todas las asignaturas, incluida la de lengua extranjera. Para la propuesta de análisis, hemos seleccionado aquellas que se prestan más a ser trabajadas en una asignatura de lengua extranjera y que no están contempladas explícitamente en esta asignatura.

Nuestra ficha continúa con el análisis de los principios metodológicos que rigen la obra. Proponemos una serie de dimensiones sobre el aprendizaje con objeto de que se compruebe si están presentes y en qué medida. En su mayor parte, proceden de los documentos educativos y curriculares que hemos manejado y vienen a ser una síntesis de las investigaciones actuales sobre metodología de la enseñanza de lenguas extranjeras. Algunas de estas dimensiones están relacionadas con la naturaleza del aprendizaje; otras tratan de valorar la orientación de la enseñanza; también se atiende a la manera de presentar y trabajar los contenidos (contextualizados, integrados); o se centran sobre la concepción de la lengua y el tipo de actividades para su práctica. El apartado termina con un espacio para las observaciones, pues entendemos que, en este caso, es muy difícil marcar simplemente una casilla, y con seguridad, será necesario aclarar el tratamiento que recibe cada uno de los puntos analizados.

En el bloque sexto proponemos una reflexión sobre las formas en que habrá de trabajar el alumno, y está dividido en dos partes. La primera de ellas está dedicada a recoger la tipología de actividades presente en el manual. Sería conveniente, además, registrar en qué lugar de la secuencia, con qué nivel de sistematicidad y valorar el grado de eficacia. No es esta una tarea en absoluto fácil, pues, en muchas ocasiones, las actividades cumplen varias funciones (y se encuadrarían, por tanto, en varias casillas), y en otras, bajo la apariencia de una actividad de comunicación no hay más que un ejercicio estructural. La segunda parte – mucho más fácil – da cuenta de las dinámicas de trabajo: individual, en parejas, en grupos... Además de un mero registro de las formas de realizar las tareas y sus frecuencias, resultaría interesante valorar la conveniencia, la viabilidad y la pertinencia.

A continuación, pasamos a estudiar los componentes del manual, concretamente los enunciados, los textos (orales y escritos) y las fichas. Para ello, hemos creado seis subapartados. El primero corresponde a las instrucciones de trabajo, esto es, a los enunciados. Se trata de indicar sus características más visibles: lengua en que aparecen (L1 o L2), claridad y precisión, longitud y dificultad para su comprensión, correspondencia con el nivel de lengua del material, desempeño de otras funciones al margen de la instrucción (enlazar, cohesionar), etc. Los cuatro siguientes subapartados se refieren a los textos, y en ellos se analizan tanto los tipos que podemos encontrar, como la funcionalidad. Esta última cuestión no siempre resulta fácil de describir, pues, como en el caso de la tipología de actividades, en ocasiones no se aprecia con claridad la misión que cumple el texto (tanto porque puede cumplir varias, como porque no se aprecia ninguna de las contempladas). Finalmente, el subapartado sexto se ocupa de las fichas. Se trata de analizar el tipo de información que recogen, la frecuencia con que aparecen y la ubicación (si disponen o no de un lugar propio), la función que cumplen (presentar contenidos, sistematizar, aunar toda la información, cerrar la unidad didáctica...) y el formato (especialmente, en los casos en los que existen distintos tipos de fichas en función de la información que presentan).

El último de los bloques es el de la especificación de los contenidos del material. Es el apartado que más trabajo requiere pero no el más complejo, pues se trata solo de identificar y registrar todos los contenidos que se van tratando a lo largo del material. Puede ser de gran ayuda el cuadro de programación que normalmente acompaña a los libros didácticos. No obstante, siempre es conveniente comprobar que, efectivamente, se trabajan, así como si existen otros que no aparecen en el cuadro (es difícil recoger en una o dos hojas todos los contenidos). Hemos organizado este gran apartado en seis partes. La primera se centra en lo que hemos denominado "contenidos de comunicación", pues presta atención a los aspectos nociofuncionales de la programación y a los contextos y las acciones concretas de comunicación que se trabajan en las diferentes unidades didácticas. Por ello, este apartado se subdivide, a su vez, en tres. En el primero, se pide anotar los ámbitos nocionales de carácter específico que se hallan presentes, y que son los que permiten al autor seleccionar, secuenciar y graduar los contenidos, así como integrarlos y conferirles unidad y coherencia. El *Plan Curricular* del IC establece un total de 20 posibles ámbitos: dimensión física del individuo; dimensión perceptiva y anímica; identidad personal; relaciones personales, alimentación, educación, trabajo, ocio, información y medios de comunicación; vivienda; servicios; compras, tiendas y establecimientos; salud e higiene; viajes, alojamiento y transporte; economía e industria; ciencia y tecnología; gobierno, política y sociedad; actividades artísticas; religión y filosofía y geografía y naturaleza. Podemos partir de este repertorio e ir comprobando cuáles se han incorporado y qué otros no. En el segundo subapartado, hay que enumerar las situaciones de comunicación e interacción que se dan dentro de los ámbitos señalados en el punto anterior. Así, por ejemplo, en el ámbito "salud e higiene", podríamos encontrar: diálogos en el médico, explicación sobre hábitos de vida saludables, encuesta sobre higiene bucal... El tercero viene a ser una especificación del segundo, pues consiste en anotar las funciones lingüísticas que se trabajan – y que lógicamente están relacionadas con las situaciones de comunicación y con el ámbito nocional –. Continúa el bloque ocho con el registro de los contenidos lingüísticos y el de los contenidos de otras áreas curriculares, en caso de que los haya (matemáticas, literatura, sociales, física, química...). El apartado siguiente se refiere a los referentes culturales, y que, tal y como propone el Instituto Cervantes, hemos agrupado en tres, según estén relacionados con conocimientos generales de países hispanoamericanos, con hechos y personajes de relieve pasados y presentes o con manifestaciones culturales. A continuación – quinta parte – nos centramos en los saberes y comportamientos socioculturales, que hacen referencia «al conocimiento, basado en la experiencia, sobre el modo de vida, los aspectos cotidianos, la identidad colectiva, la organización social, las relaciones personales, etc.» (*Niveles...*, p. 399). Se trata de un apartado muy amplio y diverso en el que caben todos aquellos aspectos que tengan que ver con las costumbres y formas de vida propias de un país, como pueden ser los horarios, días festivos, la estructura familiar, convenciones sociales para diferentes situaciones, etc. Por último, proponemos recoger los contenidos para el desarrollo en el alumno de un aprendizaje estratégico que aparezcan y se trabajen de manera explícita. Este tipo de contenidos es también de naturaleza muy diversa y pueden referirse a estrategias metacognitivas (aquellas que se centran en la reflexión sobre el proceso), socioafectivas (relacionadas con la dimensión personal del aprendizaje y la manera en que cada individuo hace frente a los sentimientos que le genera, así como a la forma de relacionarse con el entorno educativo), estrategias para la mejora de la comunicación (suplir carencias, resultar más efectivos, compensar déficits...) o estrategias para el desarrollo de destrezas y para un mejor aprendizaje de los aspectos lingüísticos.

El trabajo de análisis y valoración concluye definitivamente con un apartado abierto de "Observaciones" en el que anotar impresiones generales, valoraciones críticas, aspectos de mejora, carencias, logros destacables, contextos y perfiles idóneos para su uso, correspondencia con los niveles de referencia europeo, grado aproximado de cumplimiento de los criterios desarrollados en los documentos educativos de mayor incidencia para la enseñanza del español – criterios que hemos venido revisando a lo largo de estas páginas –. En fin, se trata de espacio destinado tanto a las conclusiones del estudio como a suplir las propias carencias de la propuesta, por lo que animamos a que se complete y mejore añadiendo cuantos apartados y aspectos se consideren oportunos para cada caso.

A continuación, presentamos de modo esquemático la herramienta que acabamos de describir.

1. Datos identificativos

- **Autor/es**
- **Título**
- **Datos bibliográficos**
- **Otras obras del autor/es**

2. Aspectos formales

2.1. Material que lo compone

	Soporte	Calidad	Adecuación	Naturalidad	Funcionalidad
Audio (sonoro)					
Vídeo (visual)					
Impreso - Portfolio					
Impreso - Cuaderno					
Impreso – Guía					
CD ROM interactivo					
Soporte web de apoyo					

2.2. Edición (elementos de diseño)

	De qué tipo	Funcionalidad	Adecuación	Imagen que se transmite	Diversidad sociocultural
Ilustraciones					
Fotografías					
Tipografía					
Colores					
Iconos					

2.3. Estructura, elementos y organización

Partes que lo componen	Presentación	Cuadro de programación	Nº de unidades didácticas	Transcripciones	Glosario	Apéndice gramatical	Evaluación o auto--evaluación	Otros

Estructura de cada unidad	Sin apartados (secuencia de aprendizaje)	Apartados por destrezas	Apartados por niveles de lengua	Apartados por ámbitos temáticos	Lugar de la información gramatical, funcional…

Secuenciación de cada apartado	No existe una secuenciación determinada	Existe el mismo tipo de secuenciación en cada apartado, que consiste en…	Cada apartado tiene un tipo de secuenciación, que consiste en…

3. Situación educativa

3.1. Destinatarios

NIÑOS			JÓVENES		
6 a 8 años	8 a 10 años	10 a 12 años	12 a 14 años	14 a 16 años	16 a 18 años

3.2. Nivel

Nivel 0	Nivel A1	Nivel A2	Nivel B1	Nivel B2	Nivel C1	Nivel C2

3.3. Duración

Intensivo	Trimestral	Cuatrimestral	Semestral	Anual

3.4. Contexto educativo

Enseñanza reglada			Enseñanza no reglada
Primaria	Secundaria	Bachillerato	

3.5. Programa y situación educativa

El español es asignatura de lengua extranjera (obligatoria u opcional)	Programas bilingües (algunas asignaturas se imparten en español)	Español como L2 en contextos hispanohablantes	Otros

4. Objetivos generales

El alumno como agente social	Transacciones		Interacciones sociales			Acciones con textos orales y escritos	
El alumno como hablante intercultural	Diversidad cultural	Actitudes y factores afectivos	Referentes culturales	Normas y convenciones sociales	Participación en situaciones interculturales		Papel como intermediario cultural
El alumno como aprendiente autónomo	Control del proceso de aprendizaje	Planificación del aprendizaje	Gestión de recursos	Uso estratégico procedimientos de aprendizaje	Control de factores socioafectivos		Cooperación con el grupo
El alumno como estudiante de programa reglado	Competencia social y ciudadana		Competencia cultural y artística	Competencia medioambiental		Competencia para la salud	

5. Metodología

	SÍ	NO	100% - 50%	50% - 25%
Enseñanza orienta a la acción				
La tarea como elemento organizador				
Aprendizaje significativo				
Programación basada en las necesidades del alumno				
Aprendizaje inductivo y deductivo				
Aprendizaje cíclico				
Contextualización de los contenidos en textos y situaciones de comunicación				
Actividades creativas				
Actividades de comunicación que reproducen verdaderos procesos de intercambio de información				
Integración de destrezas				
La L1 como base estructural de referencia y contraste				
Concepción de la lengua como actividad en constante creación				
Presencia implícita y explícita de elementos socioculturales				
Presencia explícita de contenidos curriculares				
Desarrollo de estrategias discursivas y de comunicación				
Favorecedora de un aprendizaje estratégico				
Favorecedora de la autonomía del aprendizaje				
Observaciones:				

6. Dinámicas y formas de trabajo

6.1. Tipología de actividades

Presentación de contenidos	Reflexión y descubrimiento	Estructurales	Comunicación dirigida	Comunicación semidirigida	Comunicación libre	Juegos	Tareas	Otros
Observaciones:								

6.2. Dinámicas

	En algunas ocasiones	A menudo	Con mucha frecuencia	Constantemente
Presentaciones y explicaciones				
Trabajo individual				
Trabajo en parejas				
Trabajo en grupos				
Trabajo conjunto				
Estudio				
Observaciones:				

7. Componentes

7.1. Enunciados

Tipos de enunciados	Características

7.2. Textos escritos. Tipos

Canciones	Poemas	Cuentos	Adivinanzas, refranes...	Diálogos	Cartas, postales, notas	Artículos de prensa o similar	Textos de divulgación	Otros

7.3. Textos orales. Tipos

Canciones	Poemas	Cuentos	Diálogos	Noticias, anuncios	Charlas, conferencias, explicaciones	Otros

7.4. Textos escritos. Funcionalidad

Introducción de la unidad	Presentación de los contenidos	Contextualización contenidos y situaciones	Trabajo de contenidos gramaticales o léxicos	Trabajo de contenidos funcionales	Trabajo de contenidos socioculturales	Desarrollo de destrezas escritas	Sin funciones específicas	Otros

Observaciones:

7.5. Textos orales. Funcionalidad

Introducción de la unidad	Presentación de los contenidos	Contextualización de contenidos y situaciones	Trabajo de contenidos fonéticos	Trabajo de contenidos funcionales	Trabajo de contenidos socio-culturales	Desarrollo de destrezas orales	Sin funciones específicas	Otros

Observaciones:

7.6. Fichas

Tipo de información: gramatical, léxica, funcional, cultural…	Frecuencia y ubicación	Funcionalidades	Formato

8. Contenidos

8.1. Contenidos de comunicación

Tema	Ámbitos nocionales que se trabajan	Situaciones de comunicación e interacción	Funciones comunicativas
1-			
2-			
3-			
4-			
5-			
…			

8.2 Contenidos lingüísticos

Fonéticos y ortológicos	Gramaticales	Léxicos (campos semánticos)

8.3. Contenidos de otras áreas del currículo

Lengua	Matemáticas	Conocimiento del Medio	Literatura	Geografía	Historia	Ciencias naturales	Tecnología	Física y Química	Educación artística	Educación física

8.4. Referentes culturales

Conocimientos generales de países hispanos	Acontecimientos y protagonistas del pasado y del presente	Productos y creaciones culturales

8.5. Saberes y comportamientos culturales

Condiciones de vida y organización social	Relaciones interpersonales	Identidad colectiva y estilo de vida

8.6. Contenidos para un aprendizaje estratégico

Estrategias metacognitivas	Estrategias socioafectivas	Estrategias para la mejora de la comunicación	Estrategias para el desarrollo destrezas comunicativas	Estrategias para el aprendizaje de los aspectos lingüísticos

OBSERVACIONES:

CONCLUSIONES

Ante las perspectivas de desarrollo del español como lengua extranjera en contextos escolares, creemos necesario diseñar instrumentos de análisis y de valoración del material didáctico existente que permita a los diferentes implicados en los procesos de enseñanza-aprendizaje detectar carencias, establecer criterios y guiar su elaboración y selección. Estos son los objetivos fundamentales de la propuesta que hemos descrito, propuesta que, a diferencia de otras formuladas con anterioridad – de las que, sin duda, es deudora –, se centra exclusivamente en enseñanza a niños y jóvenes, sector de la población en el que se prevé el aumento de demanda más significativo.

Los criterios expuestos a lo largo de estas páginas no responden a una perspectiva personal sobre la metodología de las lenguas extranjeras ni a preferencias didácticas o pedagógicas, sino que son el resultado de la revisión crítica de algunos documentos educativos de gran relevancia para la enseñanza del español, de los que hemos extraído aquellos aspectos de mayor interés o que están directamente relacionados con el caso que nos ocupa – los contextos escolares –. Se trata, por tanto, de una propuesta fundamentada y claramente orientada a satisfacer unas necesidades – las de los centros escolares – y a promover un aprendizaje acorde con las directrices institucionales y oficiales actuales.

Dado el escaso material didáctico existente para este tipo de alumnado y lo alejado que dicho material está de los criterios aquí manejados, nuestra herramienta de análisis no ha podido ser experimentada y validada con la suficiente amplitud[5], de ahí que no podamos valorar sus limitaciones y las necesidades de reajuste que presenta. Sin duda, para comprobar el cumplimiento de nuestros objetivos y expectativas – y hacer de ella una herramienta de trabajo útil y productiva – sería conveniente que fuera sometida a prueba por autores, editores, profesores, gestores educativos y expertos en la materia de diferentes países, con realidades educativas también distintas.

En el momento actual de innovación educativa y de cambios transcendentales en las bases psicopedagógicas de la enseñanza

---

[5] La propuesta ha sido probada con la mayor parte de los materiales destinados a niños y jóvenes publicados en España y con algunos de otros países (Brasil, Reino Unido, Alemania). Debo agradecer este trabajo a muchos de mis alumnos del máster de enseñanza de español de los dos últimos años, que, voluntariamente, han querido colaborar conmigo.

(aprendizaje experiencial y por competencias, aprendizaje constructivista e integrador, enseñanza centrada en el alumno, autonomía y aprendizaje estratégico, diversidad y estilos de aprendizaje...) la elaboración de material didáctico no puede continuar siendo una labor más o menos individual, en la que el autor/profesor interpreta libremente las nuevas orientaciones y, libremente también las incorpora o no, siempre desde su perspectiva. Debe contar con herramientas que orienten de forma clara y precisa esa labor de creación, que puedan aplicarse inequívocamente. Para que ello sea posible, se requiere de trabajos que investiguen el impacto de todos estos nuevos planteamientos en los aprendizajes, así como la manera de incorporarlos al material didáctico (editado o no), y que propongan líneas de actuación y orientaciones concretas, no de carácter teórico, sino a través de instrumentos de análisis y de desarrollo verdaderamente útiles. En este sentido, queda todavía mucho por hacer, y nuestra propuesta es solo un pequeño paso.

BIBLIOGRAFÍA

Agercel. (2000). *Quality guide for the evaluation and design of language learning and teaching programmes and materials* [CD-ROM]. Bruselas: EUROCENTRES. [Documento de Internet disponible en www.agercel.com].

Areizaga Orube, E. (1997). *Dos décadas de enseñanza del español como lengua extranjera a adultos en sus materiales.* Bilbao: Servicio Editorial de la Universidad del País Vasco.

Azevedo, M. M. (1978). Trends in Elementary Spanish Texts. *The Modern Language Journal*, 62, 399-407.

Consejo de Europa. (2005). *Reference Level Descriptions for National and Regional Languages (RLD). Draft Guide for the production of RLD (Version 2).* Estrasburgo: Language Policy Division, DG IV.

Consejo Social Europeo. (2002). *Marco común europeo de referencia para las lenguas: aprendizaje, enseñanza, evaluación.* Madrid: MECD e Instituto Cervantes.

Ezeiza Ramos, J. (2008). *Analizar y comprender la topografía configuracional de los materiales de enseñanza de lenguas en una perspectiva de síntesis. Aplicación a los manuales para la enseñanza general de E/LE a adultos.* Madrid: Servicio de Publicaciones de la Universidad Antonio de Nebrija.

Ezquerra, R. (1974). Análisis de métodos para la enseñanza del español. *Boletín de la Asociación Europea de Profesores de Español (AEPE)*, 11, 31-46.

Fenner, A. & Newby, D. (2000). *Approaches to materials design in european textbooks: implementing principles of authenticity, learner autonomy and cultural awareness*. Austria: Consejo de Europa.

Fenner, A. & Newby, D. (2007). *Coherence of principles, cohesion of competences - Exploring theories and designing materials for teacher education*. Austria: Consejo de Europa.

Fernández López, C. (2004). Principios y criterios para el análisis de materiales didácticos. In J. Sánchez Lobato & I. Santos Gargallo (Dirs.), *Vademécum para la formación de profesores* (715-734). Madrid: SGEL.

Hopkins, A. (2000). Users' guide for textbook and materials writers. In S. Baillo, S. Devitt, Mª J. Gremio, F. Heyworth, A. Hopkins, B. Jones, M. Makosh, P. Riley, G. Stoks & J. Trim (Eds.), *Common European Framework of Reference for languages: learning, teaching, assessment. A guide for users* (199-232). Estrasburgo: Language Policy Division.

Instituto Cervantes. (2006a.) *Enciclopedia del español en el mundo*. Madrid: Círculo de Lectores, IT & Plaza y Janés.

Instituto Cervantes. (2006b.) *Plan Curricular del Instituto Cervantes. Niveles de referencia para el español*. Madrid: Instituto Cervantes – Biblioteca Nueva.

National Standards in Foreign Language Education Project. (1996). *Standards for foreign language learning: Preparing for the 21 st century*. Yonkers, NY: ACTFL.

Orientações curriculares para o ensino médio. Conhecimientos de lengua estrangeira (espanhol). (2006). Brasilia: Secretaria de Educação Básica, Departamento de Politicas de Ensino Médio.

Ramírez, A. G. & Hall, J. K. (1990). Language and Culture in Secondary Level Spanish Textbooks. *The Modern Language Journal*, 74 (I), 48-65.

Salaberri Ramiro, S. (1990). El libro de texto: selección y explotación. In P. Bello (Ed.), *Didáctica de segundas lenguas. Estrategias y discursos básicos* (109-123). Madrid: Santillana.

Spanos, G. (1989). On the integration of Language and Content Instruction. *Annual Review of Applied Linguistics*, 10, 227-240.

Trujillo, F. (2005). La integración de lenguaje y contenidos en la enseñanza del español como segunda lengua en el contexto escolar: implementación y evaluación. *RedELE*, 4. [Documento de Internet disponible en http://www.educacion.es/redele/revista4/trujillo.shtml].

NUEVAS PERSPECTIVAS SOBRE LA COMPRESIÓN AUDITIVA EN EL AULA DE E/LE

Ernesto Martín Peris
Universitat Pompeu Fabra (Barcelona)

ABSTRACT

Drawing from a point of view which is based on the idea that the innovations are always built on the basis of experience and expertise, this article underlines two work streams that provide a new dimension in teaching listening comprehension: its connection to discursive genres and critical literacy, both notions directly linked to the need for an increased number of critical users of the language.

Keywords: *E/LE teaching, discourse genres, critical literacy, listening comprehension.*

RESUMEN

Partiendo de una perspectiva en la que las innovaciones se construyen siempre sobre la base de la experiencia y los conocimientos acumulados, en este texto se subrayan dos líneas de trabajo que aportan una nueva dimensión a la didáctica de la comprensión auditiva: su relación con los géneros discursivos y la literacidad crítica, conceptos directamente relacionados con la necesidad de fomentar usuarios críticos de las lenguas.

Palabras clave: *enseñanza de E/LE, géneros discursivos, literacidad crítica, compresión auditiva.*

INTRODUCCIÓN

LO NUEVO Y LO VIEJO EN LA DIDÁCTICA: INNOVACIÓN Y CONTINUIDAD

En la didáctica de segundas lenguas (y en sus distintas áreas) se produce una continua ampliación de la perspectiva, así como una profundización en la explicación de los fenómenos y procedimientos que en ella se dan. El área de la comprensión de mensajes orales no escapa a esta dinámica.

Interesa destacar aquí que en demasiadas ocasiones se tiene la impresión de que las nuevas orientaciones se presentan como si fueran contrapuestas a las ya asentadas y con que se venía trabajando. En realidad, para que tenga lugar un verdadero progreso es importante seguir construyendo sobre lo ya heredado, beneficiándose así de la experiencia y conocimientos acumulados e integrándose en la corriente de personas, círculos e instituciones que han venido promoviendo una mejora constante de la actividad de la enseñanza. Ello no obstará, lógicamente, al abandono de puntos de vista o procedimientos de trabajo que se revelen claramente superados u obsoletos.

En este texto aspiramos a integrarnos en esa corriente de continuidad e innovación; asumimos, por tanto, todos los logros que se han dado en el desarrollo de la didáctica de la comprensión auditiva y nos proponemos reflexionar sobre los nuevos aspectos que a esa didáctica pueden aportar dos líneas de estudio que se están revelando muy poderosas y fructíferas, al tiempo que estrechamente relacionadas entre sí. La primera de estas líneas pertenece al campo de las ciencias del lenguaje y atiende a la naturaleza de la lengua, que se plasma siempre en unos determinados géneros discursivos; la segunda, a las necesidades de aprendizaje de lenguas en el mundo actual, y más en particular a la necesidad de fomentar el desarrollo de usuarios críticos de las lenguas; es lo que se ha dado en llamar literacidad crítica.

Los géneros discursivos son formas históricamente evolucionadas (y en permanente evolución) del uso social del lenguaje. Desde el punto de vista de su estudio, la crítica literaria tradicional había ya identificado un conjunto de géneros y subgéneros, cuyas características y propiedades había definido exhaustivamente (tales como la novela, el cuento, el relato breve, la tragedia, la comedia, el sainete...); con unos siglos de antelación, la retórica clásica había establecido también una clasificación de géneros del discurso público (el judicial, el deliberativo y el demostrativo).

Lo peculiar de los nuevos estudios de los géneros discursivos (Bajtín, 1979; Swales, 1990)[1] es que se aplican a todos los usos actuales de la lengua y no únicamente a los literarios o a los de la vida pública; atienden por igual, por tanto, a los géneros que se dan en las relaciones personales y cotidianas como a aquellos otros que aparecen en esferas especializadas de la actividad humana; incluyen el estudio de los géneros de la lengua oral junto a los de la lengua escrita. Estos géneros se definen pragmáticamente por los parámetros externos al texto más que por las características intrínsecas de este; es decir, por el contexto social de comunicación en que se originan, por

---

[1] También puede consultarse provechosamente Martín Peris (Dir.), (2008), así como la excelente obra de Calsamiglia, H. & Tusón, A. (2007). *Las cosas del decir. Manual de análisis del discurso.* Barcelona: Ariel Lingüística.

los correspondientes roles sociales que asumen los interlocutores, por su relación entre sí y por la que mantienen hacia el tema del texto, etc.

En cuanto a los estudios de literacidad crítica, que originalmente contemplaban únicamente la lengua escrita, conviene destacar que sus análisis, sus explicaciones y sus propuestas son perfectamente extrapolables a la comunicación oral. En ellos se hace más hincapié en la recepción de textos que en su producción, pero las habilidades de expresión se incluyen también entre las condiciones de activación de una competencia crítica. El término de "literacidad crítica" se propone como una alternativa al de "alfabetización" (y su correlativo, "analfabetismo"), para referirse a la capacidad de desenvolverse eficazmente en el uso crítico de los diversos discursos en que se ve inmerso el ciudadano de las modernas sociedades avanzadas y que van más allá de la capacidad de reconocer el mensaje de un texto y de hacer inferencias sobre su contenido no explícito. En expresión de Daniel Cassany, se trata no solo de ser capaz de leer textos sabiendo "leer entre líneas", sino de saber "leer tras las líneas"; es decir, de reconocer la función y el valor social de un determinado discurso, activando para ello un abanico de conocimientos, habilidades, puntos de vista, valores y actitudes.

1. Relevancia de las nuevas perspectivas para la didáctica de la compresión auditiva

Los planteamientos de los estudios de los géneros discursivos y de la literacidad crítica resultan especialmente apropiados para una didáctica de las lenguas que tiene una de sus principales fuentes de inspiración en el *Marco Común Europeo de Referencia* del Consejo de Europa y, en el caso delespañol, en el *Plan Curricular* del Instituto Cervantes. Ambos documentosabogan por un "enfoque orientado a la acción", en el cual el alumno se concibe como un "usuario de la lengua" que, en cuanto "agente social", participa en diferentes prácticas discursivas sociales. Ello quiere decir que el uso de los textos en el que un alumno se ejercita al llevar a cabo sus actividades de aprendizaje (así como el uso de textos que realiza en su vida social presente o realizará en la futura) no consiste en una acción individual y aislada, desligada de su entorno actual, sino en una interacción social, es decir, en una forma de actuar (mediante el uso de la lengua) que no puede concebirse ni realizarse al margen de unas condiciones sociales, tanto momentáneas como sociohistóricas, que la determinan en su forma y en sus procesos; de hecho, los estudios sobre el aprendizaje han puesto de relieve cómo la interacción social es el verdadero motor del aprendizaje, tanto si se trata del aprendizaje de lenguas como de cualquier otro aprendizaje, tanto del aprendizaje de la primera lengua como del de una segunda o de las sucesivas, ya se produzcan estos fuera del aula, ya sea dentro de ella. En esa participación en prácticas discursivas sociales, el "alumno-usuario" recurre a un conjunto de competencias que ya posee, y que desarrolla y enriquece en su proceso de aprendizaje: tradicionalmente se había hablado de la competencia comunicativa como aquella que facilita el uso eficaz y adecuado de la lengua; el *Marco Europeo* sitúa esta "competencia comunicativa" entre otras que la persona posee y desarrolla, a las que llama "competencias generales" y que especifica en estas cuatro: "saber", "saber hacer", "saber aprender" y "saber ser". Nos interesa destacar esta última, que otros autores llaman la "competencia existencial" (Van Lier, 1996) y que no es otra cosa que la capacidad de representar mediante el uso del lenguaje el conjunto de actitudes y valores que toda persona posee y a las que se alude en la teoría de la literacidad crítica. Destaquemos también que la dimensión social del lenguaje se asocia de manera preeminente a la existencia de los géneros discursivos, propios de una sociedad en un momento particular de su evolución histórica. Nos detendremos en estos aspectos en los dos apartados siguientes.

2. Los géneros del discurso y la competencia auditiva

Hace cincuenta años la gente escribía y recibía cartas: cartas familiares, cartas comerciales, cartas circulares, etc. Hoy seguimos haciéndolo; pero si comparamos las cartas de hace cincuenta años con las de la actualidad, veremos que en su estructura, en sus expresiones, en su vocabulario, son muchas las cosas que han cambiado. Si apartamos ahora nuestra mirada del interior de las cartas y la dirigimos al contexto externo a ellas en el que aparecen, veremos que también han cambiado muchas cosas. Para abreviar con un ejemplo: mensualmente llega a la mayor parte de los actuales hogares una cantidad variable de cartas a las que sus destinatarios prestan una atención diferente según los casos; entre ellas hay cartas con publicidad comercial, con ofertas especiales, con escritos de las entidades bancarias que acompañan los informes de movimientos en las cuentas... Imaginemos que hace cincuenta años una familia hubiera recibido una de esas cartas en las que se nos dice que hemos ganado no sé qué premio, con la única condición de asistir a una determinada reunión en tal y tal fecha y lugar... Algunos hubieran corrido como locos a la cita; otros, más precavidos, tal vez al despacho de un notario. En la actualidad, probablemente más de la mitad de esas cartas van directamente a la papelera: los usuarios han identificado de inmediato su función (de propaganda o publicidad) y, muy probablemente, también su contenido, y las desechan sin más porque no les interesan; si, por el contrario, el envío postal llega con acuse de recibo, el destinatario se maliciará que contiene alguna noticia poco grata y que, además, muy probablemente reclamará de él alguna acción (como por ejemplo, el aviso de una sanción de tráfico o la cita a una sesión de un tribunal). Lo mismo cabría decir de las llamadas telefónicas que suelen recibir quienes pasan una jornada trabajando en su casa y disponen de línea telefónica fija; desde las primeras palabras audibles en el auricular, será posible en muchos casos reconocer el tipo de llamada que se está recibiendo y reaccionar adecuadamente[2]. De forma análoga, hace cincuenta años la comunicación urgente se hacía mediante telegramas y hoy se hace mediante correos electrónicos. Pero, de nuevo aquí, tanto la estructura interna de los mensajes como la función que cumplen, la respuesta que provocan, etc., han variado enormemente.

Tanto el espacio público en el que nos movemos como los círculos personales a los que pertenecemos poseen actualmente una gran cantidad de géneros textuales que antes no existían, algunos de los que existían han desaparecido y otros se han transformado. Los cambios experimentados por estos géneros son variados y diversos, y no podemos detenernos aquí en un análisis detallado; fijaremos, pues, someramente nuestra atención en uno de estos cambios, a saber, la proliferación de discursos en soporte audiovisual y la combinación de distintos códigos que en ellos se da: por un lado, el código icónico (las imágenes y los distintos recursos ortotipográficos; y, entre las imágenes, habrá muy probablemente otros códigos, como el del vestuario, la disposición, etc.[3]); por otro, la combinación de textos en lengua oral y en lengua escrita. La comunicación humana es siempre multimodal, el lenguaje como sistema semiótico se utiliza siempre inserto en un marco más amplio que incluye otros sistemas; los nuevos géneros recogen de manera creciente esta multimodalidad.

---

[2] Aquí, a diferencia de lo que sucede con los sobres que van directamente a la papelera sin haber sido abiertos, el paciente receptor de la llamada se ve en la necesidad de desarrollar una estrategia, más o menos cortés a tenor del grado de impaciencia que la importuna llamada le haya provocado, para colgar cuanto antes el auricular del teléfono.

[3] En relación con la comprensión crítica de la imagen puede consultarse «El discurso de la mirada crítica», de E. Atienza Cerezo & C. López Ferrero, en Cassany (2009: 191-207).

Podemos comprobarlo diariamente en programas de televisión, en películas de cine, en contenidos de Internet, incluso en escenarios de música y de teatro, en los que el subtitulado o la proyección de textos escritos se integran en un discurso complejo y global.

Todo ello nos obliga a considerar de nuevo la comprensión auditiva como una actividad que se desarrolla inserta en una comprensión más global del discurso. Todo lo que se ha venido estudiando hasta el momento en relación con esta habilidad o destreza (que ahora se prefiere denominar "actividad de comunicación") sigue teniendo su validez: la importancia de los conocimientos previos, la atención a la relación entre los interlocutores, la adecuada interpretación de las expresiones lingüísticas, tanto en su base léxica y morfosintáctica como en sus características prosódicas, la entonación y los matices expresivos, etc. Pero todo esto debe integrarse en un marco más amplio, que muchas veces incluye imagen y texto escrito, cuya aportación al mensaje global también es necesario saber interpretar[4].

Si nos detenemos ahora a considerar las características de la lengua oral en sí misma, veremos que algunas de ellas pueden estudiarse en paralelo con las de la lengua escrita. A este respecto es interesante la concepción de la oralidad y de la escritura que presentan Koch & Oesterreicher (2007). Proponen estos autores un doble plano en la consideración de estas dos manifestaciones de la lengua: el plano del canal y el del modo. Desde el punto de vista del canal, puede afirmarse que el emisor ha de realizar una opción por el canal oral o por el gráfico, cada uno de los cuales posee rasgos propios, tanto en las unidades de emisión (fonemas, alófonos, tonemas, pausas, ritmo... frente a grafemas, tipo y cuerpo de los caracteres, manuscritos o tipografiados, subrayados y mayúsculas, disposición en la página, etc.), como en el otro nivel

---

[4] Uno de los escasos reductos en los que resulta imposible la combinación audiovisual es la radio; en ella (y mientras siga siendo radio) no cabe la imagen, únicamente los sonidos y la voz (también, claro, el silencio).

de articulación de la lengua, especialmente en la sintaxis y el léxico; características, todas estas, que han sido ampliamente descritas en los estudios de lingüística. Desde el punto de vista del modo, estos autores proponen para el modo oral y el modo escrito un contínuum comunicativo en una escala de proximidad-distancia, con rasgos compartidos por los dos modos. A la ubicación de un particular intercambio comunicativo en un punto determinado de esta escala (tanto en el modo oral como en el escrito, como en una combinación de ambos) contribuyen unas condiciones que Koch y Oesterreicher (2007) definen con los siguientes binomios de parámetros: privacidad-publicidad, intimidad- distancia afectiva, mayor o menor implicación emocional, mayor o menor vinculación a la situación de comunicación, proximidad o distancia físicas, diálogo-monólogo, espontaneidad-reflexión y tema fijo o tema libre. A estas condiciones dadas hay que sumar unas estrategias de los interlocutores: el recurso al lenguaje verbal o la incorporación de los no verbales, la escasez de la planificación frente a un esfuerzo por realizarla, o el carácter provisional o definitivo del mensaje, por ejemplo.

Así, podría ejemplificarse esta escala de proximidad-distancia comunicativa en sendas listas de géneros, del canal fónico y del canal gráfico. En el primero, el grado de máxima proximidad correspondería a una conversación privada en presencia de los interlocutores, y se iría alejando progresivamente en los siguientes hitos: en una conversación por teléfono, en una entrevista periodística, en una entrevista de selección de personal, en un sermón en una iglesia y en una conferencia en un congreso. En el canal gráfico, el extremo de la mayor distancia podría estar representado por un tratado científico, y el progreso hacia la proximidad trascurriría a través de un comunicado oficial, una información de prensa, una carta personal, un *e-mail* particular y un *post-it* privado.

Tanto en un canal como en el otro, los interlocutores han de tomar una serie de opciones relativas a distintos componentes del texto.

Uno de ellos es el registro: elevado, cuidado, informal, vulgar, etc. otro es el estrato o nivel social: lenguaje popular, juvenil, especializado de un área de actividad social o profesional, etc. También, las variedades locales, repartidas estas por zonas geográficas de un país, urbanas o rurales, de barrios o comarcas, etc. Todas estas opciones se manifestarán en la adecuada elección de unidades pertenecientes a los diversos niveles de descripción de la lengua (la pronunciación, el vocabulario, la morfosintaxis) y a la retórica, o la forma de combinarse estas formas en una secuencia textual. Veamos un ejemplo concreto en el siguiente mensaje transmitido por correo electrónico[5]:

From: "Carlota Gil" <cgil01@nu.org>

To: "Dolores Muñoz" <dolores.munoz@cup.edu>
Sent: Friday, March 03, 2007 10:55 AM

Subject: Saludos

Ay, Lolita, por fin te escribo... Discúlpame, que lo dejé para el día siguiente y por poco pasa un mes... Es que yo, al contrario que tú, tengo más clases y más rollos varios en este último trimestre ☺ [...].
Nosotros estuvimos de viaje en Navidad, pero tuvimos la mala suerte de que Ricardo tuvo un bajonazo gordo justo antes de salir, así que los primeros dos días no disfrutamos tanto. Ahora empieza a encontrarse mejor ya.
Te mando un fuerte abrazo y saludos de las compañeras (y de los chicos que andan por aquí, que están muy contentos con tus notas).

Cuídate mucho,

Carlota.

Dpto. de Historia Contemporánea. Universidad Nueva.

Hemos elegido este documento porque ilustra muy bien varios de los puntos que nos interesa resaltar en este trabajo[6]: En primer lugar,

---

[5] Este documento es la reproducción de un mensaje de correo electrónico real, en el que se han realizado únicamente las modificaciones necesarias para preservar su anonimato.

[6] Lo hemos elegido también porque, siendo un texto del canal gráfico, nos permite presentar y comentar más fácilmente las características que nos interesan. Estos

la emergencia de un nuevo género textual (el del correo electrónico), que se inserta en una tradición comunicativa y cultural determinada (el de la comunicación epistolar, con cartas, telegramas, tarjetas postales, etc.) y de la cual extrae muchos elementos que conserva en su formato y estructura; también, la presencia en un texto escrito de recursos habitualmente tratados como propios de la lengua oral coloquial; la importancia de los recursos tipográficos e icónicos que pueden observarse en el texto, etc. Enumeraremos sucintamente algunos de estos rasgos:

- El saludo. Por ser un género emergente y aún no consolidado, los interlocutores del correo electrónico vacilan mucho a la hora de iniciar el texto. Muchos de ellos adoptan directamente el saludo oral coloquial ("Hola"), pero nadie o casi nadie adopta el de las cartas ("Querida amiga"), salvo que confieran al *e-mail* el carácter de una carta. Esta autora ha optado por un recurso muy propio también de la lengua oral, que consiste en dirigirse al interlocutor con su nombre de pila.
- El icono de la carita sonriente o triste. El hecho de que este icono, con sus diversas variantes, nos venga facilitado por las actuales herramientas informáticas no debe confundirnos respecto de la importancia de su aparición: otros recursos igualmente disponibles gracias a la informática no entran (de momento) en este género. Obsérvese que se trata de una comunicación informal entre dos profesoras de universidad: hace cincuenta años, ni siquiera en una carta escrita a mano hubieran recurrido estas personas a códigos icónicos para completar su mensaje, aunque tuvieran

---

comentarios serán perfectamente extrapolables a textos orales análogos (como, por ejemplo, los mensajes de voz en el teléfono). Hay que tener presente, además, que las tecnologías de la información y la comunicación, en su permanente desarrollo, están propiciando la emergencia de nuevas prácticas comunicativas en las que la multimodalidad a que hemos hecho alusión más arriba incrementa su presencia.

medios para hacerlo; solo las adolescentes (pero no los varones) solían adornar su correspondencia con dibujitos y colorines. Hoy eso ha cambiado y (si el contexto nos lo permite) no nos privamos de incluir un icono que matiza de forma eficaz el contenido de nuestro mensaje (de manera aproximada a como lo haría una particular entonación de la voz o un gesto que acompañara la palabra), al tiempo que nos ahorra el esfuerzo de tener que expresar ese matiz con una larga frase.
- El vocabulario y la sintaxis elegida. Contienen estos diversas unidades muy frecuentes en la lengua oral conversacional: "por poco pasa un mes", "rollos varios", "tuvo un bajonazo gordo", etc.

Vemos, pues, en este ejemplo cómo la línea divisoria entre lengua oral y lengua escrita se debilita en determinados géneros y cómo, a la inversa, podremos encontrar géneros en el canal oral que se situarán en un punto de la escala más próximo al extremo de la distancia comunicativa. De hecho, en este campo han surgido interesantes aportaciones con el concepto de géneros mixtos. Munby (1981)[7], por ejemplo, propone una tipología en la que aparecen «monólogos hablados para ser escuchados» (una conferencia) o «para ser escritos» (un dictado) junto a «monólogos escritos para ser leídos» (vale decir para ser leídos como escritos: un periódico) o «como si fueran escuchados» (una novela); o bien, «monólogos escritos para ser dichos» (ser dichos como textos escritos y no como textos orales: un noticiario televisivo; o ser dichos como si no estuvieran escritos: el teatro). Para los diálogos, Munby ofrece una taxonomía análoga a la de los monólogos.

---

[7] En Cassany, D. (1994). *Enseñar Lengua*. Barcelona: Graó, p. 94.

3. Las prácticas discursivas sociales

Como habíamos señalado, las particularidades de un determinado texto (en nuestro caso concreto, un texto que un estudiante extranjero ha de llegar a conocer y dominar, si desea intervenir en la interacción social de forma efectiva y eficaz mediante el uso de ese texto) vienen determinadas, en gran medida, por el género textual al que pertenece. Para ilustrar este principio tomemos un tema cualquiera, por ejemplo "la subida del coste de la vida", y veamos en cuántos géneros distintos puede abordarse:

- Una tertulia de sobremesa.
- Una carta abierta individual a la prensa.

- Una negociación sindical.

- Un debate en el Parlamento.

- Una tertulia en la radio.
- Un discurso en un mitin.

- Un manifiesto colectivo publicado en los medios de comunicación.

- Una sesión de un seminario universitario de Económicas.
- Una manifestación de vecinos en la calle.
- Etc.

En cada uno de estos actos de comunicación aparecerán distintas funciones lingüísticas:

- En la tertulia de sobremesa los participantes se lamentarán, harán comentarios críticos, contarán chistes o anécdotas,

corroborarán o desmentirán informaciones de otros, citarán opiniones de ausentes, etc.
- En la negociación sindical, exigirán cosas, harán propuestas, definirán condiciones, llegarán a acuerdos...
- En la tertulia de la radio se darán explicaciones, se expondrán razonamientos, se pondrán ejemplos, se relatarán casos.
- Etc.

Pero, además, cada una de las prácticas anteriores posee reglas propias de participación:

- Distintas reglas de intervención: por turnos acordados, sin orden previo, etc.
- Distintas jerarquías de intervención: con moderador o sin él, con autoridades reconocidas (edad, estatus, especialización) o sin ellas, etc.
- Distintas reglas de interacción: interrumpir libremente, esperar a que termine la intervención anterior, pedir la vez, etc.
- Distintas reglas de cortesía: desautorizar abiertamente, criticar veladamente, etc.
- Distinto tratamiento de los interlocutores (y haciéndolo en simetría o disimétricamente): tuteo, usted respetuoso, usted solemne...
- Distinto vocabulario: objetivo, emotivo, técnico, popular...
- Distintas estructuras sintácticas: mayor o menor proximidad a la prosa escrita, a la gramática oracional.
- Distintas mímica, gestualidad y posturas; distinta situación en el espacio físico.
- Distintos recursos a otros códigos: vestimenta, objetos.
- Etc.

4. El tratamiento de los géneros discursivos en la didáctica de la compresión auditiva

En relación con todo lo anterior, podemos formularnos algunas preguntas que resultan cruciales para el tratamiento de los géneros en el aula de E/LE:

- ¿Cómo se entiende la idea de "participación" del alumno en esas prácticas sociales de uso de la lengua?
- ¿Cómo influye en las actividades que se realizan en el aula esa comprensión de la participación del alumno?
- ¿Cómo influye en la previa selección de textos que el profesor realiza para sus clases (o los autores de los materiales para sus libros)?
- ¿Cómo insertamos esos textos audio(visuales) en la secuencia didáctica?
- ¿Qué formas de participación de los alumnos proponemos?
- ¿En qué medida tomamos en consideración el Yo del alumno para que pueda participar de forma plena, verídica, autónoma y crítica en esas prácticas?

Las respuestas relativas a la participación del alumno en las prácticas de comprensión auditiva deberían atenerse, a nuestro entender, a unos criterios apropiados a la siguiente tipología de actividades de comprensión:

a) Comprensión de mensajes en una interacción bidireccional o multidireccional, en reciprocidad de los interlocutores; por lo tanto, producción y recepción imbricadas en una misma actividad. Dentro de ella, el alumno intervendrá siempre como miembro participante del evento (tertulia, conversación, entrevista, etc.).

b) Comprensión de mensajes en una interacción unidireccional; por tanto, con solo participación receptiva. El alumno podrá intervenir en una de estas dos condiciones:

1. Como miembro participante del evento (en instrucciones y avisos públicos, por megafonía u otros medios, en programas de radio o televisión, etc.).
2. Como observador de una escena externa a él (en obras de ficción en la televisión, la radio, el cine, el teatro...).

c) En ambos casos, la participación contribuirá al desarrollo de la capacidad de uso de los diferentes sistemas semióticos usados en el evento, y ello tanto para la producción de mensajes como para su interpretación.

5. La literacidad crítica y la compresión auditiva

La literacidad crítica se enmarca en un nuevo paradigma educativo (McLaren & Kincheloe, 2008), que bebe en las fuentes del análisis crítico del discurso (Fairclough, 1995; Van Dijk, 1999) y de la teoría sociocultural del aprendizaje (Van Lier, 1996). J. M. Cots (2006) presenta este paradigma en contraposición a un modelo heredado, cuyas limitaciones pretende superar. Este modelo heredado, que Cots califica de individualizador, se caracteriza por fijarse como objetivo de la educación la preparación para la vida adulta, mediante el desarrollo de las competencias de un ciudadano productivo (entre las que destaca la capacidad de actuar socialmente del modo más eficaz y apropiado), en el que la norma de actuación se presenta como una opción de la persona y no como una imposición arbitraria sobre ella. El modelo alternativo propone un aprendizaje de por vida, realizado mediante el desarrollo de habilidades que le permitan al individuo, entre otras cosas, reaccionar ante lo nuevo e inesperado, adoptar decisiones personales con conocimiento de causa, construir conocimientos útiles en interacción con el propio entorno y guiarse por valores, convicciones y razones personales.

Daniel Cassany (2006), por su parte, describe del siguiente modo a la persona dotada de capacidades discursivas críticas:

a) Comprende de forma autónoma el propósito lingüístico, las intenciones pragmáticas y los puntos de vista que subyacen a los discursos que la rodean.
b) Toma conciencia del contexto (contenido cognitivo, género discursivo, comunidad de hablantes, etc.) desde el que se han elaborado esos discursos.
c) Puede construir discursos alternativos, que defiendan sus posiciones personales y que se vinculen polifónica o intertextualmente con los anteriores.
d) Utiliza todos los recursos lingüísticos disponibles para conseguir representar discursivamente sus opiniones a través de esos segundos discursos.

Se ha hablado antes de la pluralidad y diversidad de discursos que se dirigen a los ciudadanos de las modernas sociedades avanzadas; se ha comentado la evolución que es característica intrínseca de los géneros discursivos, así como su pertenencia a una determinada sociedad, con sus peculiaridades sociohistóricas; se ha insistido en la interrelación bidireccional entre una determinada sociedad y los géneros que en ella surgen. Todo ello nos lleva directamente a la necesidad de interrogarnos por las formas más eficaces de práctica didáctica de la comprensión auditiva, para que los alumnos de cursos de lenguas extranjeras puedan desenvolverse de forma eficaz y adecuada en cuanto agentes sociales que interpretan adecuadamente esos discursos, lo que hay en ellos y lo que hay tras ellos, y puedan reaccionar de forma apropiada, autónoma y crítica a esa interpretación. Tales prácticas pasan, como recoge la caracterización de la persona crítica de Daniel Cassany que acabamos de citar, por el reconocimiento del particular género discursivo y de las normas a que se atiene; pensemos, por ejemplo, en la publicidad, tanto en la comercial como en la política e ideológica, y en el valor que en nuestro mundo actual podemos adjudicar a sus aseveraciones, a sus promesas, a sus compromisos. Pensemos, también, en la información (de todo tipo: cultural, política, social...) y en los grupos de poder que la monopolizan y la difunden a través de los medios. Pensemos, igualmente, en los múltiples contenidos que circulan por Internet y en la necesidad de formar a los jóvenes en un uso crítico y eficaz de este medio.

No perdamos de vista que estas consideraciones sobre la recepción crítica se aplican igualmente a la comunicación privada, a los mensajes orales que se producen en el ámbito de las relaciones sociales, familiares o profesionales: también en ellos es necesario entender lo que hay "tras las líneas" y ser capaz de reaccionar de forma autónoma y crítica a lo interpretado.

6. Una muestra de las posibles aplicaciones prácticas

Como muestra de un posible procedimiento didáctico para incorporar a la práctica de la comprensión auditiva estas nuevas perspectivas, tomaremos el documento audiovisual "Lo que toca en Navidad"; corresponde a un anuncio de la Lotería Nacional que fue emitido en España por televisión y en los cines en las Navidades de hace un par de años. Se trata de un documento que representa a la perfección uno de estos nuevos géneros a los que nos venimos refiriendo y que contiene multimodalidad de códigos en alto grado.

6.1. El guión del anuncio

En un artículo impreso no es posible presentar el documento audiovisual, lo que permitiría apreciarlo en toda su complejidad de códigos[8]. En su defecto, transcribimos el texto que recita una voz en *off*, lo que deberá constituir base suficiente para nuestros comentarios. Es como sigue:

Lo que toca en Navidad
¿Qué es lo que toca en Navidad?
Toca viajar... reencontrarse... recordar... regalar.
Toca tocar la nieve.
Toca besar... y bailar.
Toca pasar un poco de frío.
Toca la orquesta sinfónica.
Toca pedir lo imposible.
Toca compartir.
Y toca jugar a la lotería.
Lotería de Navidad.
Es lo que toca.

6.2. La explotación didáctica

Además de las habituales actividades con las que solemos practicar el desarrollo de la comprensión auditiva, para abordar el trabajo con este documento podemos partir del género discursivo reconocible y de su función social; se trata, en efecto, de un anuncio publicitario de una entidad cuasi institucional, que se inscribe en un marco cultural compartido por la gran mayoría

---

[8] El anuncio es accesible en esta dirección: http://www.youtube.com/watch?v=42zjVAPslrM.

de la población española: la costumbre social de jugar a la lotería por Navidad (en muchas ocasiones de forma colectiva, en grupos de compañeros de trabajo, de parientes, etc.).

Incorporaremos, también, elementos del análisis crítico del discurso en la comprensión y comentario de los contenidos de diverso orden (lingüísticos, culturales, etc.). Integraremos, pues, los distintos niveles:

- La práctica social: campaña publicitaria de Navidad.
- El documento audiovisual y los diversos códigos que utiliza:
  - Texto lingüístico recitado oralmente.
  - Imágenes, su secuencia y su relación con el texto.
  - Otros elementos sonoros (especialmente musicales).
- El contenido del mensaje y la ideología que contiene y transmite.

En relación con la práctica social en que se inscribe el documento y el género que representa, podremos plantear a los alumnos preguntas como las siguientes:

- ¿Cuándo crees que se emite este anuncio? ¿Dónde? ¿En qué basas tu respuesta?
- ¿Quién lo emite? ¿A quién lo dirige? ¿Con qué fin?
- ¿Qué otros anuncios suelen emitirse en esos lugares y en esas fechas?
- ¿Van todos esos anuncios en una misma dirección? ¿Son contrapuestos entre sí?
- ¿Podrían o deberían hacerse otras campañas diferentes? ¿Con qué fin?

Para la comprensión crítica del mensaje podremos valernos de preguntas relacionadas con estos temas:

- ¿Con qué otras prácticas e ideas asocia el anuncio la de jugar a la lotería?
- ¿Con qué recursos lingüísticos consigue esa asociación?

- ¿Qué elementos de otros códigos (música, imágenes) refuerzan esos recursos lingüísticos?
- ¿Presenta esas prácticas e ideas como experiencias y valores positivos, neutros o negativos? ¿Agradables o desagradables?
- ¿Cuáles de ellos percibís tú y tus compañeros de la misma forma que el autor (positivos, neutros o negativos, agradables o desagradables)?
- ¿Cómo trata de convencernos de que hagamos lo que nos invita a hacer?
- ¿Te parece que para ello utiliza un tono autoritario, sugerente, cómplice...?
- ¿Qué dirías tú si estuvieras en su lugar?
- ¿Qué conocimientos (no lingüísticos) te faltan sobre la sociedad en que surge este anuncio, para poder comprenderlo en todas sus dimensiones?[9]

Podemos finalizar el trabajo proponiendo a la clase una tarea como esta:

- Discutiremos en pequeños grupos los siguientes puntos, y trataremos de lograr un acuerdo al respecto:

  • "Es lo que toca": ¿Qué nos transmite esta expresión: una sugerencia, una obligación, un compromiso...?
  • ¿Por qué "toca besar" o "regalar" en Navidad? ¿o "pedir lo imposible"?

---

[9] Una de las habilidades importantes en el aprendizaje de una nueva lengua es la de reconocer las propias limitaciones y carencias en su uso. Muchas veces, como sabemos, estas provienen no tanto del desconocimiento de la gramática o el vocabulario cuanto del de otros componentes fundamentales de la comunicación, especialmente — pero no únicamente — de orden sociocultural; por ello resulta importante introducir frecuentemente reflexiones como la que contiene esta última pregunta.

- ¿En tu país o en tu círculo de relaciones, también toca hacer esas cosas en Navidad? ¿Qué otras cosas considera la gente de tu país que "toca hacer en Navidad"?
- ¿Qué es lo que — de verdad — toca hacer según el anuncio?
- ¿Qué efectos crees que produce la difusión de este anuncio en la sociedad a la que va destinado y en sus distintos grupos (los jóvenes, los jubilados, los profesionales, etc.)? ¿Qué valores o actitudes refuerza, cuáles debilita...?
- ¿Cómo crees que influye en el comportamiento de la gente? ¿Cómo crees que influiría en tu sociedad?
- ¿Qué otros discursos podemos encontrar semejantes a este, en la misma época del año o bien en otras diferentes? ¿En qué son semejantes? ¿En qué son distintos?

- Finalizada nuestra discusión, expondremos ante el resto de la clase aquellos puntos en los que hay acuerdo general y aquellos otros en los que hay distintas opiniones. Comprobaremos qué han opinado los otros grupos.

Con esta propuesta que acabamos de exponer a modo de ejemplo no hemos querido señalar un único camino para la introducción de los supuestos del análisis crítico del discurso, de los géneros discursivos y de la literacidad crítica en el trabajo de comprensión auditiva; hemos querido, simplemente, mostrar cómo es posible ampliar la perspectiva de nuestra intervención didáctica incorporando nuevos elementos derivados de los avances en los estudios sobre el lenguaje, sobre las lenguas y sobre su enseñanza. Estamos seguros de que los lectores tendrán otras muchas ideas y sugerencias alternativas o complementarias a la que nosotros hemos propuesto. Del mismo modo, no es ocioso indicar que esta muestra de posibles aplicaciones prácticas representa únicamente el contenido esencial del trabajo que nosotros proponemos llevar a cabo, pero que de ningún modo se presenta en su forma final y definitiva, pues precisa del conjunto de procedimientos concretos, secuenciados y adaptados a la realidad de cada determinado grupo de alumnos, que permitirán a estos realizar estas actividades de forma significativa y provechosa.

BIBLIOGRAFÍA

Bajtín, M. (1979). El problema de los géneros discursivos. In M. Bajtín, *Estética de la creación verbal* (248-293). México: Siglo XXI.

Cassany, D. (2006). *Tras las líneas*. Barcelona: Anagrama.

Cassany, D. (Comp.) (2009). *Para ser letrados*. Barcelona: Paidós.

Castellà Lidon, J. M. (2004). *Oralitat i escriptura. Dues cares de la complexitat del llenguatge*. Barcelona: Publicacions de l'Abadia de Montserrat.

Cots, J. M. (2006). Teaching 'with an attitude': critical discourse analysis in EFL teaching, *Elt Journal*, 60/4, 336-345.

Fairclough, N. (1995). *Critical discourse analysis*. Harlow: Longman.

Giroux, H. A. (1988). *Los profesores como intelectuales. Hacia una pedagogía crítica del aprendizaje*. Barcelona: Paidós.

Koch, P. & Oesterreicher, W. (2007). *Lengua hablada en la Romania: español, francés, italiano*. Madrid: Gredos.

Mclaren, P. & Kincheloe, J. L. (Eds.) (2008). *Pedagogía crítica. De qué hablamos, dónde estamos*. Barcelona: Graó.

Martín Peris, E. (Dir.) et al. (2008). *Diccionario de términos clave de ele*. Madrid: Sgel.

Swales, J. M. (1990). *Genre analysis. English in academic and research settings*. Cambridge: Cambridge University Press.

Van Dijk, T. A. (1999). *Ideología*. Barcelona: Geedisa.

Van Lier, l. (1996). *Interaction in the language curriculum: awareness, autonomy and authenticity*. Londres: Longman.

LA BUENA COCINA DE LA EXPRESIÓN ESCRITA: ¿CÓMO CONSEGUIR QUE LOS ALUMNOS PREPAREN BUENOS PLATOS?[1]

Kris Buyse
KU Leuven. Faculty of Arts (Bélgica)

ABSTRACT

Teachers of foreign language writing often complain about a lack of progress in consecutive writing tasks. Whereas earlier student generations were educated and trained to process all annotations conscientiously and incorporate them in new assignments, today's students need to be motivated by "triggers and rewards" in order to acquire new contents, skills and attitudes. We therefore propose a setting of blended, task based learning with a writing portfolio playing a central role in a phased, multi-stage coaching. The stages contain a set of triggers and rewards, such as inspiring topics and materials, motivating labels allowing insight into the students' strengths and weaknesses, and the use of self- and

---

[1] Versión aumentada de Buyse, K. (2010). La expresión escrita en la clase de E/LE: ingredientes esenciales, sazonados o no con TIC. *Mosaico*, 26, 4-13. Más informaciones sobre el uso de las TIC para la EE en Buyse, K. (2014). Una hoja de ruta para integrar las TIC en el desarrollo de la expresión escrita: recursos y resultados. *Journal of Spanish Language Teaching*, 1 (1), p. 101-115.

co-assessment. In this paper, we present these stages and their positive effect on writing skills and attitudes on the basis of the results of our experiments with Spanish writing courses in Flemish higher education institutes, which show an improvement of the overall scores on writing tests and a significant decrease in the number of problems (or errors) between the first and the fifth writing assignment.

Keywords: *Spanish as a second language, ICT, writing, didactics, dictionaries, Corpora.*

RESUMEN

Los profesores nos solemos quejar del progreso en las actividades sucesivas de redacción de nuestros alumnos, entre otras cosas porque estos, educados con métodos menos autoritarios que sus antecesores, necesitan estímulos y recompensas para aprender nuevos contenidos, destrezas y actitudes. Por eso, proponemos un contexto didáctico de enseñanza combinada, basado en un enfoque por tareas y por fases guiadas, en el que el portafolio de redacción desempeña un papel central. Las fases contienen estímulos y recompensas, como temas y materiales atractivos, etiquetas de anotación que permiten descubrir los puntos fuertes y mejorables del alumno, y un sistema de auto y coevaluación. En este trabajo recorreremos estas fases y el efecto positivo que ejercen en el desarrollo de la expresión escrita y la actitud del alumno. Para tal, presentamos los resultados de nuestra investigación llevada a cabo con las redacciones de alumnos neerlandófonos de la enseñanza superior flamenca, en las que se aprecia una mejora en los resultados generales de las pruebas de redacción y un descenso significativo del número de problemas o errores surgidos entre la primera y la última tarea de redacción.

Palabras clave: *E/LE, TIC, expresión escrita, didáctica, diccionarios, corpus.*

INTRODUCCIÓN

Cuando en 2007 hicimos una encuesta entre 50 profesores de lengua, comprobamos que las actividades de expresión escrita (EE) en la clase de E/LE causan muchas frustraciones entre profesores y alumnos debido a la falta de un progreso notable. Esta conclusión nos llevó a actualizar las experiencias y conclusiones del proyecto de investigación ElektraRed[2], con el objetivo de poner a disposición de la comunidad de E/LE un molde parcialmente digital que permitiese dinamizar y rentabilizar la EE en la clase de E/LE.

A continuación efectuaremos primero una anamnesis de los profesores y estudiantes actuales para descubrir sus características y necesidades (1). Después propondremos una combinación de "ingredientes esenciales" (2) y terminaremos por evaluar los resultados de este proceso (3).

1. Anamnesis

Empecemos por la "anamnesis" de los profesores y estudiantes.

1er. síntoma: adquisición y enseñanza incoloras, "anémicas"

Un primer "síntoma" es que el estudiante medio de la *i-Gen*, educado con métodos menos autoritarios que sus antecesores, no suele autorresponsabilizarse, tomar iniciativas, recurrir a los instrumentos

---

[2] ElektraRed: http://wwwling.arts.kuleuven.ac.be/elektravoc/medewerkers.htm

presentados o almacenar/estudiar las observaciones del profesor con respecto a las redacciones entregadas, en contra de los objetivos que estipulan los programas de estudio actuales (EARLI, 2007)[3]. El resultado es que el progreso suele ser mínimo, a menos que se prevean estímulos y recompensas ("triggers and rewards")[4].

No obstante, como un 80 % de los términos y estructuras nuevos que el estudiante registra/aprende se pierden en menos de 24 horas (Cervero & Pichardo Castro, 2000, p. 130), hacen falta entre 4 y 7 "encuentros significativos" con los términos/estructuras nuevos y que estos encuentros tengan lugar sin grandes intervalos de tiempo, a un ritmo sostenido y en una diversidad de contextos (Schmitt, 1990, p. 129).

De ahí que el desafío para el profesor consista en crear un entorno que posibilite estímulos recurrentes y variados, tanto incidentales como intencionales (Kielhöfer, 1994; Aitchinson, 1987), además de recompensar los esfuerzos repetitivos y el progreso realizado.

2º. síntoma: adquisición y enseñanza insípidas, "invertebradas"

En segundo lugar, constatamos que se desarrolla un aprendizaje y conocimiento invertebrado, es decir, cada vez más lacunario y disperso, con un impacto negativo sobre las destrezas lingüísticas. Efectivamente, se tiende a hablar y escribir palabra por palabra y con un número creciente de errores (o mejor, problemas) básicos. En otras palabras, los estudiantes tienen muchos problemas sintagmáticos (cómo combinar las palabras) y paradigmáticos (qué término elegir para qué contexto), lo que en parte se debe al uso infrecuente

---

[3] *EARLI 07. European Practice-based and Practitioner Research conference on Learning and Instruction for the new generation.* Maastricht, 2007. Conferencia plenaria de Wim Gijselaers: "Talking about My Generation".

[4] Ibídem.

e incorrecto de los instrumentos disponibles, como diccionarios, verificadores ortográficos, etc.

3er. síntoma: ¿"escribir = chatear"?

En tercer lugar, «hoy muchas personas leemos y escribimos mucho más con pantalla y teclado que con folio o bolígrafo» (Cassany, 2005, p. 30). La escritura digital no es lo que plantea un problema, sino la inadecuación de la lengua al tipo de comunicación. En otras palabras, los jóvenes actuales olvidan cada vez más adaptar la lengua al tipo de texto, introduciendo abreviaturas y otras convenciones típicas del SMS o del chat en tipos de texto que exigen una lengua más formal.

Enseñar a escribir de manera correcta y adecuada requiere, por lo tanto, una inversión de tiempo sustancial, lo que no se corresponde con la realidad docente, puesto que «la EE es la destreza supuestamente más compleja, la que porcentualmente aprenden menos personas en el mundo, la que se utiliza menos a lo largo del día y de la vida y la que, en apariencia, tiene menos presencia en la enseñanza de español» (Cassany, 2005, p. 7).

4°. síntoma: ¿aprender a escribir = soso e inútil?

Finalmente, cuando analizamos la práctica docente actual, en la mayoría de los casos encontramos una o varias de las siguientes características:

- Subrayado manual y/o anotaciones poco sistemáticas (es decir, que un mismo problema se suele corregir o anotar de muchas maneras diferentes).
- Poco motivadora/responsabilizadora (se suele corregir con un color rojo y dar inmediatamente la solución).

- Rendimiento bajo (el estudiante aprende poco y el profesor no suele aprovechar las oportunidades para llegar a conocer los puntos débiles (y fuertes) de cada curso y público).
- Presentación poco frecuente en la propia clase de los instrumentos disponibles y su uso correcto.
- Orientada hacia la asimilación de conocimientos (en vez de destrezas, aspectos (meta)cognitivos y actitudes).

No obstante, el entorno de aprendizaje no deja de ser el ingrediente más esencial para motivar al alumno:

> Fundamentally, writing is learned, rather than taught, and the teacher's best methods are flexibility and support. This means responding to the specific instructional context, particularly the age, first language and experience of the students, their writing purposes, and their target writing communities, and providing extensive encouragement in the form of meaningful contexts, peer involvement, prior texts, useful feedback and guidance in the writing process. (Hyland, 2002, p. 78)

Por eso nuestro objetivo consiste en estimular un aprendizaje que sea

- Consciente e inconsciente
  - que invite a desarrollar las destrezas (meta)cognitivas (analizar, sintetizar, inducir, buscar material, etc.) y las actitudes/estrategias positivas (estructurar, asociar, subrayar...)[5];
  - que dé estímulos variados, de manera que ayude a encontrar el estilo de aprendizaje propio (Vermunt,1996)[6];

---

[5] Véase Buyse (1999).

[6] Vermunt, J. (1996). Metacognitive, cognitive and affective aspects of learning styles and strategies. Higher Education 31, p.25-50. Una página web que puede

- que se encuentre integrado en contextos realistas y reconocibles para el alumno;
- que sea recurrente: trabajo continuo con tareas y supervisión apropiadas;
- que sea variado (combinación agradable de texto, imagen y sonido).

2. Tratamiento

El tratamiento que proponemos consiste en considerar 10 ingredientes esenciales, que constituyen al mismo tiempo 10 fases que, teniendo en cuenta los objetivos que se propone el profesor, requieren más o menos atención. En otras palabras, un plan de trabajo con tareas preliminares y posteriores (Ellis, 2003) que implican una serie de actividades (meta)cognitivas. Las fases e ingredientes son los siguientes:

1. Reflexione sobre el menú antes de empezar y evalúelo al final de la fiesta

Uno de los problemas que más frecuentemente constatamos es que el profesor no sabe, porque no se lo ha preguntado, para qué sirven las actividades de EE en su propio curso. Por eso es indispensable que reflexione de antemano sobre los objetivos y posibilidades de

- su curso/su componente de redacción en general (y como componente horizontal y vertical en un currículum con o sin otros cursos/componentes de redacción);
- las tareas de redacción como uno de los componentes, junto con otras actividades (p.ej. de comprensión lectora y auditiva).

---

ayudar a descubrir el estilo de aprendizaje propio es la siguiente: www.linguaneteuropa.org/plus/es/ways/styles.jsp

El objetivo puede ser uno o varios de los siguientes[7]:

- objetivo de aprendizaje: aprender a escribir géneros;
- instrumento de aprendizaje del idioma: escribir para incrementar el conocimiento de la lengua: ¿qué corregir, cómo y en qué medida?;
- herramienta para preparar intervenciones orales: juego de rol, simulación, representación teatral, exposición, etc.;
- instrumento de adquisición de otros contenidos: cultura, derecho, medicina, etc.

Estas reflexiones deben ayudar a elegir también un enfoque o una combinación de enfoques generales. Por ejemplo[8]:

- enfoque gramatical: adquisición de la gramática;
- enfoque comunicativo: prácticas reales o verosímiles de comunicación escrita;
- enfoque centrado en el proceso: más atención al proceso de redacción y la destreza del alumno que al producto;
- enfoque sobre el contenido: aprendizaje de contenidos disciplinarios.

Este análisis previo es tanto más esencial cuanto que la importancia de los ingredientes restantes depende de los enfoques y objetivos elegidos.

2. Ponga ingredientes "picantes" y porciones "gastronómicas"

Una vez elegidos los objetivos y enfoques, los profesores tenemos que elegir tareas "picantes" o motivadoras, es decir:

---

[7] Véase Cassany (2005).
[8] Ibídem.

- agradables: Ej.: "un día y noche en compañía de …". El alumno debe rellenar el nombre de una persona famosa, frente a la enésima vez que se le pide al alumno que escriba sobre sus vacaciones de verano; por cierto, cuanto más específico, nuevo y agradable sea el tema, menos se tenderá a copiar (sin citar);
- realistas: «preferably a task also involves real-world processes of language use» (Ellis, 2003, p. 9-10). Ej.: tratar de convencer a alguien, argumentar, explicar el funcionamiento de una máquina, etc.

Por otro lado, "lo pequeño es hermoso": elija también "porciones gastronómicas", es decir: textos de una extensión reducida, para empezar textos de como máximo unas 100 hasta 200 palabras, permiten

- al alumno y al profesor fijarse en la calidad de su escrito;
- obligar al alumno a entrenar ciertas destrezas metacognitivas, como sintetizar.

3. Póngales un molde para cada tipo de receta

Junto con el tema de la tarea es esencial que se les ponga a los alumnos un "molde" para el tipo de texto que queremos que escriba, así que la primera tarea preliminar para el alumno consiste en analizar modelos, lo que se puede hacer a través de varios tipos de actividades:

- adivinar el tema a partir de fragmentos de texto (lluvia de ideas);
- identificar el propósito del texto y su estructura;
- comparar varios modelos y evaluarlos.

Una actividad muy adecuada a la generación internet es el chateo educativo para la lluvia de ideas: es un instrumento motivador y eficaz para aprender a escribir y/o hablar, puesto que requiere unas destrezas que se sitúan en la frontera entre la EE y la expresión oral. Además, tanto ciertas plataformas de aprendizaje (Ej.: Blackboard) como MSN ofrecen la posibilidad de grabar las sesiones, lo que permite analizarlas después. Otras aplicaciones interesantes para esta actividad preliminar son de tipo colaborativo, como wikis o Google Docs.

Recurriendo a las posibilidades del tratamiento digital de textos, como la tipografía, el verificador ortográfico, etc. se pueden resaltar y ver en tiempo real los posibles problemas de ortografía, léxico, gramática, estructura, géneros textuales: Ej.: para bajar la frecuencia de verbos "pobres" en textos descriptivos, se puede comparar un texto descriptivo de un alumno con otro de un escritor nativo, destacando visual y cuantitativamente la diferencia entre ambos textos con respecto a la pobreza léxica relativa a la categoría de verbos antedicha.

4. Prevea tiempo para generar ideas culinarias, experimentar con ingredientes, estructurar y hacerse evaluar

En cualquier caso hace falta evitar que el alumno escriba un texto mal estructurado o incoherente, de modo que hay que enseñarle que antes de redactar el borrador es importante realizar una segunda tarea preliminar, que consistiría en lo siguiente:

- reflexionar antes de escribir (lluvia o torbellino de ideas);
- buscar información y aprender a recoger correctamente las fuentes para evitar el plagio;
- elaborar un esquema del texto;
- escribir un borrador.

Para las primeras tareas existe la opción de elegir un tema que permita una fase colaborativa:

> Cooperative peer response to writing is seen to be important for exposing students to real readers, for building their confidence as writers and for encouraging them to make active writing decisions rather than slipping into a passive reliance on teacher feedback [...]. Computers decentralise teacher role and redistribute authority thus facilitating more student talk. (Hyland, 2002, p. 129-131)

Una tercera tarea preliminar (opcional) consiste en escribir un borrador individual, evaluar el borrador del compañero o autoevaluar el propio borrador, además de dar y recibir *feedback*.

En la cuarta tarea preliminar se trata de tener en cuenta las observaciones de la revisión por pares y mejorar el borrador a partir de las observaciones del compañero. El proceso puede realizarse con aplicaciones como wikis o Google Docs.

Estas tareas dan lugar a los primeros encuentros significativos con el material lingüístico que queda por asimilar, puesto que la evaluación por pares y la autoevaluación permiten localizar problemas (individuales o no) de ortografía, léxico, gramática, pragmática, etc.

5. Enséñeles a pedir asistencia a los 6 expertos

Asimismo, hace falta introducir en esta fase de producción el uso correcto y frecuente de ciertos instrumentos que permiten evitar toda una serie de problemas básicos y frecuentes (quinta tarea preliminar). Se trata de pedir asistencia a lo que llamamos "los 6 expertos", a saber: los diccionarios, los corpus, las gramáticas, los nativos, el verificador ortográfico y el profesor. El profesor también puede pedir a los alumnos que controlen especialmente las observaciones del propio profesor sobre los problemas frecuentes en la(s) tarea(s) anteriores, registradas en el portafolio (véase más abajo). Al controlar estos puntos de especial interés, resulta que los problemas señalados casi siempre mejoran significativamente más que otros no tratados de esta manera. Además, tal actividad conlleva un segundo encuentro significativo con estructuras que quedan por asimilar.

He aquí algunos instrumentos que el profesor podría introducir en cada uno de los niveles del Marco Común:

A1:
- Enseñar el uso más frecuente y correcto de los diccionarios mono y bilingües o de instrumentos lexicográficos de la web 2.0/3.0, tipo Linguee, Babla o Glosbe, donde al usuario casi se le obliga a ver el contexto en el que se encuentran las traducciones y así se le invita mucho menos a copiar y pegar palabra por palabra.
- Usar algún verificador ortográfico como el de Microsoft Word o alguno disponible en internet como http://lomastv.com/free-online-spanish-spelling-grammar-checker.php

A2:
- Integrar instrumentos como Wordreference (especialmente útil por sus "compound forms" y su foro), el uso "avanzado" de Google o, mejor que Google, el de Webcorp: www.wordreference.com; www.google.es, http://www.webcorp.org.uk/

B1: instrumentos como Wortschatz: http://wortschatz.uni-leipzig.de;
B2: instrumentos como el Crea o CORPES XXI (versión beta del nuevo Corpus del Español del Siglo XXI) http://www.rae.es > http://corpus.rae.es/creanet.html

C1-2: instrumentos como Corpus del español www.corpusdelespanol.org

6. Pida "entrega a domicilio" con portafolio culinario

Como veremos más adelante, entregar los trabajos de los alumnos digitalmente ofrece varias ventajas, aunque este tipo de entrega no sea indispensable. Lo más importante es que cada redacción nueva incluya un segundo documento (un portafolio de redacción) con los siguientes elementos:

- Una autoevaluación final de la tarea anterior.
- Una autoevaluación preliminar (lista de control/guión) de la nueva tarea.
- Una corrección de la tarea anterior.

Un ejemplo de tal documento se reproduce a continuación. La gran ventaja de este documento es que invita y hasta obliga al alumno a respetar unas fases cuya importancia y grado de efectividad se demostrarán en la parte 3 de este trabajo.

Por experiencia propia sabemos que sin esta obligación los alumnos tienden a saltar varias fases y producir así redacciones de una calidad significativamente inferior. Además, aprenden a conocer y tener en cuenta sus propios puntos fuertes y débiles. En otras palabras, constituye otra serie de encuentros significativos con el material que queda por asimilar.

Portafolio de redacción de ....

A. Autoevaluación FINAL de la tarea de redacción n° ....

1. Comentario general del profesor sobre la tarea anterior (si se trata de la primera tarea: ¿cuáles fueron los comentarios más representativos sobre tus redacciones del año pasado?): ...

2. Lo que he aprendido con esta tarea (si se trata de la primera tarea: ¿cuáles son las cosas más importantes que has aprendido de tus redacciones del año pasado?): ...

3. ¿Qué has hecho para evitar estos problemas en el futuro (ejercicios con Trampas y Pistas: especifica los resultados generales: ¿qué has aprendido?)...

B. Autoevaluación PRELIMINAR (lista de control) de la NUEVA tarea de redacción n° ......:

1. ¿Has realizado una lluvia de ideas? Sí/No

2. ¿Has apuntado/citado tus fuentes? Sí/No

3. ¿Te has fijado en el modelo del tipo de texto? Sí/No

4. ¿Has organizado tus ideas según el modelo del género textual? Sí/No

5. ¿Has escrito primero un borrador? Sí/No

6. Subraya qué tipo de instrumentos y técnicas has utilizado: diccionarios monolingües; diccionarios multilingües; corpus; verificador ortográfico; leer en voz alta.

7. Detalla aquí qué has buscado y en qué instrumentos: ...

8. Detalla aquí qué has corregido gracias al verificador ortográfico: ...

9. Detalla aquí qué has podido mejorar gracias a las observaciones de las retroalimentaciones anteriores: ...

10. Detalla aquí qué has podido mejorar gracias a las observaciones sobre tu tarea anterior:

11. Detalla aquí qué has podido mejorar gracias a los puntos de especial interés (menciona también cuáles son): ...

12. Detalla aquí qué habéis mejorado gracias a la evaluación por pares: ...

C. Corrección de la tarea anterior

Corrige aquí tu/vuestra redacción anterior. Integra tus cambios en el texto original, de modo que haya UN SOLO TEXTO en el que figure tu versión original tachada, seguida de los cambios marcados en letras negrillas y con un fondo de color amarillo.

7. Haga análisis en el laboratorio culinario de Ferrán...

El uso de un programa de corrección digital y semi-automática como Markin[9] permite realizar las siguientes tareas:

- anotar sistemáticamente;
- introducir anotaciones positivas y críticas que no dan la respuesta sino que obligan al alumno a reflexionar/buscar/discutir/considerar alternativas;
- enfocar las estructuras típicas (Ej.: nominalización);
- referir bases de datos propias y externas;
- calcular estadísticas individuales y colectivas, que revelan los puntos fuertes y débiles más frecuentes de un grupo;

---

[9] Markin, ± € 20,00 (http://www.cict.co.uk/software/markin/). El uso del programa se explica en Buyse, Delbecque & Speelman (2009).

- añadir comentarios (+/- notas).

Por otro lado, un programa de extracción permite obtener estadísticas más elaboradas: Ej.: TextPad (http://www.textpad.com), Abundantia Verborum (http://wwwling.arts.kuleuven.ac.be/genling/abundant/obtain.htm) o Wordsmith Tools (http://www.lexically.net/wordsmith/).

8. Retroalimente y póngales recetas para practicar

La última fase que implica una colaboración por parte del alumno es la de la retroalimentación, donde se trata de lo siguiente: ....

- elaborar un documento de *feedback* que incluya:
  - estadísticas colectivas (y comparativas);
  - un ejemplo de un texto en su totalidad;
  - una selección de fragmentos anotados para discutir;
  - referencias a los instrumentos ofrecidos;
- poner a disposición de los estudiantes bases de datos (en papel o en soporte digital) con ejercicios suplementarios temáticos;
- analizar los datos y discutir cambios recurriendo a los instrumentos disponibles;
- prever tiempo para la tutoría individual (si hace falta);
- ofrecer ejercicios suplementarios en internet o en papel (Ej.: Buyse, Delbecque & Speelman, 2009).

Individualmente el alumno analiza y discute la corrección de su tarea anterior (tarea posterior 1) y elabora una versión corregida o aumentada (tarea posterior 2). Esta compone junto con la autoevaluación de la tarea anterior (tarea posterior 3) y la de la tarea nueva el portafolio de redacción que tiene que entregar (véase la fase 6).

Esta fase no sólo contiene una última serie de encuentros significativos con el material que queda por asimilar, sino que también apoya el proceso de interiorización:

> This talk about language (metatalk) mediates second language learning. Talk supports the process of internalization — the 'moving inwards' of joint (intermental) activity to psychological (intramental) activity". (Swain & Lapkin, 2001, p.3)

En total, las ocho primeras fases permiten tener unos 10 "encuentros significativos" con la materia que queda por adquirir.

9. El progreso es la mejor vitamina

Hasta ahora se ha presentado una serie de actividades que conllevan estímulos recurrentes para progresar. Pero ¿dónde está la recompensa? La evaluación se basa enteramente en el portafolio final y se calcula, por un lado, a partir de la media de los resultados de las tareas respectivas, corregidas a partir del progreso realizado en la propia redacción, por ejemplo. +2, o +2/-2, o +3/-1, etc.; por otro, a partir de la autoevaluación de este progreso, realizada en el portafolio.

Otra manera de evaluar es que la nota final para una tarea sea la combinación de tres notas:

- evaluación del progreso con respecto al *feedback* individual de la(s) tarea(s) anteriores en la versión anotada de la redacción (10% del total = 2/20; 2 = mucho; 1 = poco; 0 = ninguno);
- evaluación del progreso con respecto al *feedback* colectivo de la(s) tarea(s) anteriores en el documento de retroalimentación colectiva (10% del total = 2/20 ; 2 = mucho; 1 = poco; 0 = ninguno;

- evaluación de la calidad en términos absolutos de la tarea actual (80% del total = 14/20).

Aparte de esta nota, se puntúan también el portafolio y la versión corregida de la tarea anterior.

10. Evalúe el menú

Asimismo hace falta evaluar el propio curso y su rendimiento. Para ello se pueden combinar los resultados de los tres siguientes tipos de análisis:

- Comparación de las estadísticas de cada tarea en una hoja de cálculos que calcula la evolución de la calidad de las redacciones por grupo a lo largo de un año entero.
- Calculo de las estadísticas de anotación para todos los archivos previamente corregidos de un año entero (a través del programa Markin). Puestos los resultados en una hoja de cálculos como Excel se calculan los problemas y puntos fuertes más frecuentes de uno o varios grupos a lo largo de todo el año.
- Encuesta entre los alumnos y/o los tutores que permite evaluar las opiniones de ambos grupos con respecto al rendimiento del trabajo dentro y fuera de la clase.

El análisis de estos datos le lleva al tutor a recorrer las fases del "PDCA-circle" (Plan-Do-Check-Act), es decir,

- un buen profesional se plantea unos objetivos ('plan') al principio de un curso (Ej.: "en este nivel/curso básico voy a trabajar sobre todo en la ortografía, morfología, el léxico, la concordancia y el uso de las preposiciones, además de estimular a los alumnos a ser creativos");

- a lo largo del año se suele trabajar en la realización de estos objetivos ('do');
- al final se evalúa ('check') en qué medida los objetivos se han realizado (por ejemplo mediante el triple análisis descrito aquí);
- se aprovechan estos resultados para modificar, si hace falta, los objetivos y/o las actividades ('act').

3. Prueba ciega del sabor

¿Cuál es el efecto del uso de los ingredientes descritos en el apartado 2? Nuestras propias evaluaciones hasta el día de hoy nos han permitido sacar las conclusiones siguientes.

De una encuesta realizada entre los supervisores de 3 instituciones, 2 carreras y 3 niveles concluimos las siguientes ventajas de este procedimiento:

- la anotación es más sistemática y exhaustiva;
- las anotaciones apuntan hacia una solución e invitan a la reflexión;
- las estadísticas individuales y colectivas ayudan a los alumnos a autoevaluarse, a situarse con respecto al resto del grupo y a encontrar los mayores problemas;
- el tiempo extra — si lo hay — rinde.

La misma encuesta realizada entre 169 estudiantes de 3 instituciones, 2 carreras y 3 niveles lleva a las conclusiones siguientes:

- el sistema de anotación invita a la reflexión (+90%);
- las anotaciones apuntan hacia una solución (+80%);
- las anotaciones (tanto las positivas como las críticas) y las estadísticas (las individuales como las colectivas) ayudan a

autoevaluarse, a situarse con respecto al resto del grupo y a encontrar los mayores problemas (+80%);

- el sistema es mucho más motivador (+70%), tanto por las anotaciones (+80%) como por las estadísticas (+80%) y el comentario general (+80%);
- la discusión en la clase ayuda a evitar los mismos problemas (+80%).

Asimismo, las notas presentadas en la Tabla 1 muestran que entre 2003-2004 (cuando se trabajaba de manera tradicional) y 2013-2014 (después de introducir paulatinamente las 10 fases a partir del 2006-2007):

- el nivel medio de la prueba de redacción final subió aproximadamente un 15%: de 12.1 a 14.2 sobre 20 para el 3$^{er.}$ Curso (+10%); de 11.3 a 13.4 en el 2° Curso (+20%);
- el número de problemas o errores bajó con un promedio de un 65%.

	2003-2004		2006-2007		2007-2013 (media)	
	Ba 2	Ba 3	Ba 2	Ba 3	Ba 2	Ba 3
Evolución de las notas en el test final de Expresión Escrita	11.3	12.1	13.5	13.1	13.4	14.2
Evolución del número de problemas entre la primera y la última tarea de redacción	+2%	-5%	-50%	-60%	-50%	-79%

Tabla 1. Las notas de los cursos de Expresión Escrita en los cursos del 2°. Y 3$^{er.}$ grado ("Bachelor 2" y "Bachelor 3").

Si el evaluador no puede o no quiere manejar el instrumental informático, sigue siendo posible sacar provecho de las ventajas del sistema. Para ello, podría anotar manualmente las redacciones, pero con el mismo grado de sistematicidad, además de poner a disposición de los estudiantes la lista de abreviaturas, categorías y ejemplos, para que puedan analizar las observaciones, rellenar el portafolio y realizar ejercicios suplementarios. Para tener una idea objetiva de los elementos fuertes y débiles, se debería pedir al estudiante que añada a la autoevaluación la frecuencia de cada punto fuerte o débil mencionado. Además, el evaluador puede esforzarse en anotar tanto elementos positivos como críticos y no enfocar el error sino la asimilación de las estructuras típicas del español.

Por otra parte, la metodología también se puede aplicar fuera de las carreras de lenguas, a condición de que se simplifique la barra de botones y que sólo se mantengan los términos lingüísticos más comunes.

En suma, el sistema de anotación que acabamos de presentar, no solo es más apropiado para la generación actual, sino que tiene la ventaja de ser más sistemático, motivador y rentable, además de estar orientado hacia la asimilación de conocimientos, destrezas, aspectos (meta)cognitivos y actitudes. Permite conocer los puntos débiles (y fuertes) de cada alumno, curso y público, de modo que sus resultados constituyan un instrumento fidedigno para elaborar un currículum más eficaz.

BIBLIOGRAFÍA

Buyse, K. & Torfs, G. (1999). Magister. El tutor electrónico de la Handelshogeschool. Un programa de "auto-estudio guiado" en un curso de español interactivo. *Enfoque comunicativo y Gramática*, 923-935. Santiago: Asele & Universidad de Santiago de Compostela.

Buyse, K. (2006). Motivating writing teaching. In K. Vanden Branden et al. (Eds.), *Task Based Language Teaching, I.T.L. International Review of Applied Linguistics* 152, (111-126), Leuven: Peeters.

Buyse, K. (2007a.). Aprendo a escribir en 10 pasos. *Español para Fines Específicos. Actas del III Congreso Internacional para Fines Específicos*. Madrid: Ministerio de Educación y Ciencia del Reino de España.

Buyse, K. (2007b.). Escritura eficaz y motivadora. *Foco*. 12-18. Amersfoort: Asociación de Profesores de Español de Holanda.

Buyse, K, Delbecque, N. & Speelman, D. (2009). *Trampas y pistas para la expresión escrita de los neerlandófonos*. Averbode/Madrid: Averbode/Edelsa.

Cassany, D. (2005). *Expresión escrita en L2/ELE*. Madrid: Arco/Libros.

Hyland, K. (2002). *Teaching and Researching Writing*. Tübingen: Pearson.

Muñoz Liceras, J. M. (1992). *La adquisición de lenguas extranjeras: hacia un modelo de análisis de la interlengua*. Madrid: Visor.

Penadés, I. (2003). Las clasificaciones de errores lingüísticos en el marco del análisis de errores. *Lingüística en la red*. Alcalá de Henares: Universidad de Alcalá.

Swain, M. & Lapkin, S. (2001). Focus on form through collaborative dialogue: Exploring task effects. In M. Bygate, P. Skehan & M. Swain (Eds.), *Researching pedagogic tasks: Second language learning, teaching and assessment*. London, UK: Pearson International.

www.ingramcontent.com/pod-product-compliance
Lightning Source LLC
Chambersburg PA
CBHW051055160426
43193CB00010B/1196